קרוב ה׳ לכל קוראיו לכל אשר יקראהו באמת

סליחות
תפלה לעני

כוונות האריז"ל, הרש"ש, הרמח"ל, הבעש"ט והרי"ח,

מאת:

המקובל הרב הגאון
שרגא פ. ברג שליט"א

ערך, ליקט והיגה, בנו

הרב יהודה ברג שליט"א

קרוב ה׳ לכל קוראיו לכל אשר יקראהו באמת

Copyright © 2006

כל הזכויות שמורות, אין לשכפל, להעתיק, לצלם, להקליט או לתרגם, לאחסן
במאגר מידע, לשדר או לקלוט בכל דרך או אמצעי אלקטרוני, אופטי מכני או
אחר, כל חלק שהוא מהחומר של הספר הזה ללא אישור בכתב של המוציא לאור,
למעט מבקר שרוצה לצטט פסקאות קצרות בהקשר לכתבה שהוא כותב עבור
עיתון או שבועון או לשידור.

All rights reserved. No part of this publication may be reproduced or
transmitted in any form or by any means, electronic or mechanical,
including photocopying, recording, or by any information storage and
retrieval system, without permission in writing from the publisher, except
by a reviewer who wishes to quote brief passages in connection with a
review written for inclusion in a magazine, newspaper, or broadcast.

בהוצאת
המרכז הבינלאומי ללימוד הקבלה בע״מ
Published by
The Kabbalah Centre International Inc.

בראשות
הרב ש.פ. ברג שליט״א
Director Rav Berg

14 Ben Ami St., Tel Aviv, Israel 63565
155 E. 48th St., New York, NY 10017
1062 S. Robertson Blvd., Los Angeles, CA 90035

First printing 2005
Second printing 2006

ISBN: 1-57189-565-5
ISBN13: 978-1-57189-565-3

Printed in USA

With heartfelt gratitude to

HaRav, Karen, and their family

for guiding us out of darkness

and showing us

the way to live our lives.

שמעון וכלל בן שלום דוד

רחל בת אברהם

דוד בן שמעון וכלל

יוסף בן שמעון וכלל

Stewart and Rachelle Robinson

and their sons,

David and Yosef

Menachem Av 5766

מודעה ואזהרה

כל הכוונות, שמות הקדושים, ושמות המלאכים הכתובים בסידור זה אף שמסודרים המה בסדר התפלה אין להוציא בפה אלא כשמגיע לאיזה כוונה או שם קדוש יכוין דוקא במחשבה ולא יוציא בפה כידוע מהאריז"ל ומרבינו הרש"ש.

NOTE: Please be aware that all the holy names and names of angels that are written in this *Slichot* booklet, even though they are for meditation and prayer, are *scanned* rather than pronounced. The energy of these names, if spoken out loud, would be too strong for us to contain.

5
The Essence of *Slichot*

This special connection that we say in the month of Virgo (*Elul*) and in the days between *Rosh Hashanah* and *Yom Kippur* allows us to unite with a very high level of consciousness, known in Aramaic as *slicha*-forgiveness. Kabbalistically, the numerical value of the word *selach* (the root for the word *slicha*) is 98, the same numerical value as the word *tsach,* which means "cleansed." So by reciting the meditations and prayers of *Slichot,* we cleanse away our past negative actions, whether from this lifetime or from previous ones.

According to Rav Isaac Luria (The Ari), *Slichot* should be recited after midnight, as the aspect of mercy is awakened in the universe from midnight until dawn each day.

Forgiveness and the Month of *Elul* - Virgo

The Creator designed the energy of *Elul* to be an active channel for the Revelation of Light during the month before *Rosh Hashanah*—a way to prepare us for the Days of Judgment. *Elul* is dedicated to introspection and self-scrutiny - but not just for the sake of evoking regret and repentance within us over the wrongdoings of the past year.

According to *The Zohar,* repentance (*teshuvah*) is more than just a practice whereby we ask for forgiveness from the Creator. A conventional understanding of repentance would imply that wrongful behavior is acceptable throughout the year because we can simply go to *Rosh Hashanah* and ask for forgiveness, and thus evade the consequences of whatever we might have done over the past 12 months. But can we really expect to be pardoned for our sins merely by murmuring prayers on a certain holiday? Clearly it is not enough to say, "Sorry, I apologize for what I have done." Instead, we must accept full responsibility for our actions. None of us has the right to hurt anyone else. We have all come to this world in order to correct our past lives, and only by achieving this goal together can we complete our global correction.

The most powerful channel for Light is the Tetragrammaton, and *teshuvah* is the means for connecting to this channel. In Aramaic, *teshuvah* is actually *tashuv—Hei* (returning to the *Hei*). The Tetragrammaton is made up of the letters *Yud, Hei, Vav,* and *Hei.* The letter *Vav* represents the part of the spiritual world known as *Zeir Anpin,* and the final *Hei* represents our physical reality, *Malchut.*

6

The rejuvenating connection between the letter *Hei* and the letter *Vav* brings about a great revelation of Light on the physical plane. *The Zohar* urges us to meditate on this connection, as all the damage we may have caused over the course of a year (or over lifetimes) happens only because we have disconnected from the Creator's Light in some way.

The negativity that was brought into the universe on the very day of our wrongdoing determines our destiny. When we remove that negativity via *teshuvah,* the day on which the negativity was created becomes a turning point for bringing positive energy into our lives. Quite literally, we have the power to go back in time and transform negative events into positive ones. We can change history through the influence of our thought, remove suffering from our lives, and balance the accounts that remain open between us and others. In other words, the Creator has given us a complete system with which we can control our destinies. And the more we understand this system, the better it will work for us.

With all this in mind, let us return to the connection between the letters *Hei* and *Vav* and, as *The Zohar* explains, find additional connections that we have previously overlooked. When Rav Shimon said, "They brought the *Hei* back to the *Vav*," he meant, "We have renewed the connection between effect and cause, between *Malchut* and *Zeir Anpin.* We have gone back to a virginal state, to the beginning, thereby revealing our true potential." As long as we do not reveal Light, the *klipot* (shells of negativity that encapsulate the Light) also have a hold on us.

Through this union of letters, we merit the revelation of Light that will facilitate the correction of the damage we have caused. We can now see that *teshuvah* is not just a religious ritual or a traditional recitation of prayers; rather, it is a fundamental and far-reaching journey to the source of spiritual energy for the entire world. *Teshuvah* is the most powerful means of cleansing ourselves of negative energy, leading us to the Fountain of Youth and immortality. Recognizing this powerful revelation is in itself a source of great Light, and in the presence of the Light, darkness vanishes.

ענין חודש אלול

ובראש חודש אלול כל אחד יכוין עצמו לתשובה, כמו שאמרו חז"ל: ומל ה' אלהיך את ליבבך ו'את ל'יבב ז'רעך ר"ת אלו"ל. ובב' ימים אחר ר"ח במ"ח שעות שלהם יכוין הי"ב צרופי הוי"ה, וי"ב צירופי אהי"ה, ושילובו עם אותו של יקו"ק הדומה לו: אותיות אהי"ה קודמות לשל הוי"ה. ואח"כ צירוף הוי"ה ושילובו עם אותו של אקיק הדומה לו, אותיות הוי"ה קודמות לשל אקי"ק, וכן עושים בכל צירוף. והם ד' פעמים י"ב הרי מ"ח. ובסוף הכ"ד שעות שעות של יום א' יכוין אהי"ה במילוי יודיי"ן, ויהו"ה מליאה ג"כ ביודין, ואהי"ה ראשונה. לבסוף יום ב' יכוין הוי"ה מלאה ביודין, ואקיק דומה לה אח"כ (ר"ל אהיה דיודיי"ן), והוי"ה ראשונה. ובצרופם הנ"ל יכוין האותיות של אהי"ה מנוקדות סגול, ושל הוי"ה חירק. ואם אינו יכול לכוין בכל שעה הצירוף שלה, יוכל לכוין כל ד' שעות ד' צירופים, היינו ב' צירופים של הוי"ה אהי"ה, וב' שילוביהם כנ"ל. וזה סדר הצירופים:

Slichot and _Rosh Chodesh Elul_

There is a verse in the Torah: _U mal hashem et levavcha ve et levav zaracha._ The initials of the words of this verse give us the name _Elul._ Translated, this sentence means that the Creator is going to circumcise our hearts and the hearts of our sons. According to Kabbalah, the heart has the energy of Receiving and is comprised of two sections: _The Desire to Receive for the Self Alone_ and _The Desire to Receive for the Sake of Sharing._ When the Creator circumcises our heart, these two sections are separated from each other, allowing us to connect more completely with our _Desire to Receive for the Sake of Sharing._ In the first 48 hours of _Elul,_ we have a special meditation that combines the letters of the Tetragrammaton - _Yud, Hei, Vav,_ and _Hei_ - with another powerful name of the Creator - _Aleph, Hei, Yud,_ and _Hei_, as follow (in doing so, we activate the energy of _Binah,_ which helps to rid us of negativity):

יום ראשון

First Day

אהיה איההיוהה יהוה יאההויהה
אהי איההיו יהו יאההוי

איהה אייוהההה יוהה יאויהההה
היהא ההיוההאי הוהי ההויההיא

היאה ההיואיהה הויה ההוייאהה
ההיא ההההיואי ההוי ההההוייא

אלף הי יוד הי יוד הי ויו הי אהיה

יום שני

Second Day

יהאה יוהאיהה והיה ויההיאהה
יההא יוההההאי וההי ויההההיא

יאהה יואיהההה ויהה וייאהההה
האהי ההאיהיו היהו ההיאהההי

האיה ההאייוהה היוה ההיאויהה
ההאי הההאייו ההיו הההיאוי

יוד הי ויו הי אלף הי יוד הי יהוה

כוונת טבילה לטהרה

Meditation for the Immersion in the *Mikveh* for *Rosh Chodesh Elul*

In *Rosh Chodesh Elul,* we need to immerse ourselves 13 times to remove the negativity and to prepare the vessel for the cleansing of the month of Virgo as follows:

בר״ח אלול יטבול י״ג טבילות להעביר זוהמת חול ויכוין לאהיה יהוה אדני כזה:

טבילה א׳ -	א׳ דאהיה מאירה בי׳ דיהוה.	Immersion 1
טבילה ב׳ -	י׳ דיהוה מאירה בא׳ דאדני.	Immersion 2
טבילה ג׳ -	ה׳ ראשונה דאהיה בה׳ ראשונה דיהוה.	Immersion 3
טבילה ד׳ -	ה׳ ראשונה דיהוה בד׳ דאדני.	Immersion 4
טבילה ה׳ -	י׳ דאהיה בו׳ דיהוה.	Immersion 5
טבילה ו׳ -	ו׳ דיהוה בנ׳ דאדני.	Immersion 6
טבילה ז׳ -	ה׳ אחרונה דאהיה בה׳ אחרונה דיהוה.	Immersion 7
טבילה ח׳ -	ה׳ אחרונה דיהוה בי׳ דאדני.	Immersion 8
טבילה ט׳ -	יכוין לג״א של ג׳ שמות ביחד כזה: איא.	Immersion 9
טבילה י׳ -	יכוין לג״א של ג׳ שמות ביחד כזה: ההד.	Immersion 10
טבילה י״א -	יכוין לג״א של ג׳ שמות ביחד כזה: יונ.	Immersion 11
טבילה י״ב -	יכוין לג״א של ג׳ שמות ביחד כזה: ההי.	Immersion 12
טבילה י״ג -	יכוין לכללות כולם ביחד כזה: אהיה בבינה, יהוה בת״ת, אדני במלכות.	Immersion 13

ענין הסליחות

בסליחות שאומרים בחודש אלול, וכן בשאר ימים, מכוונים להמשיך אור הסליחה מן חוטמא דא״א, הנקרא סליחה, אל תיקון וחנון, שהוא אורח שתחת החוטם, ומשם אל הפה ואומר סלחתי. ועוד יכוין שסליחה עולה יאהלוההי״ם. וביעבור מכוונים שמדת הרחמים תכבוש מדת הדין, ולא תניח אותה לפעול כלל. וז״ס אור א״א הגובר על ז״א. כי א״א היא הנהגת החסד, וז״א הנהגת הדין. והסדר הוא כך: ויעבור יהו״ה - א״א, על פניו - ז״א, וכובש אותו וגובר עליו, יהו״ה יהו״ה - הם ב׳ הנהגות המתחברות יחד. אל רחום וחנון וכו׳ - הי״ג תיקוני דיקנא שמתעוררים למתק כל הדינים. וסדרם כבר כתבתי ויעבר מאחר תפילה י״ח, ע״ש ועוד - ויעבר ה׳ היא ההוי״ה של שילוב הוי״ה אלהי״ם הנ״ל. על פניו - אלהי״ם וס׳ צירופים שלו הם כמנין פני״ו, ולפי שפעלת ויעבור היא לכבוש מדה״ד תחת מדת הרחמים, על כן אסור לאמרו בלילה, היינו בחצי הראשונה, כי אדרבא באותו הזמן הוא עת שליטתה כפי סדר ההנהגה, וממנה לוקחת הס״א כח לפעול מה שהוחק לה, כי כן כתיב: תשת חשך ויהי לילה, ומי שירצה להעביר שליטת הדין באותו הזמן, יוכל לגרום איזה קטרוג של ס״א ח״ו כי כך כתיב: לא תחסום שור בדישו, והתיקון אינו יכול להצליח ודאי, כי א״א לשנות סדרי ההנהגה. (לבד מליל יוה״כ כי אז הס״א אין לה כח כלל כיון שהאור גובר). אבל מחצות לילה ואילך יכולים לומר אותו, כי אז מתחילים להזדמן התיקונים לצורך היום, והדינים כבר נמתקו, ובסליחות נופלים על פניהם, כי אז נעשה הזיווג דיעקב ולאה בקדרותא דצפרא כנ״ל, ובעי״ה ילך לטבול ויפשפש במעשיו וישוב בתשובה, כי באותו הזמן מתעוררים או״א, ושערי תשובה נפתחים, ודרשו ה׳ בהמצאו כתיב.

ASHREI - אשרי

במזמור זה יש י' הויות כנגד עשר ספירות.
והוא לפי הא"ב, אך האות נ' חסרה כדי שלא תהיה נפילה.

We find 21 of the 22 letters of the Aramaic alphabet encoded in this prayer, in their correct order from *Aleph* to *Tav*. Because the Aramaic letters are the actual instruments of Creation, this prayer helps inject order and the power of Creation into our lives. King David, the author of this prayer, left out the Aramaic letter *Nun* because *Nun* is the first letter in the Aramaic word for falling (*nefilah*), which refers to a spiritual decline, as in falling into the *klipot*. Feelings of doubt, depression, worry, and uncertainty are consequences of spiritual falling.

[1]אַשְׁרֵי (סוד הכתר) יוֹשְׁבֵי בֵיתֶךָ ב"פ ראה עוֹד יְהַלְלוּךָ

סֶּלָה: [2]אַשְׁרֵי הָעָם שֶׁכָּכָה משה = ע"ב בריבוע + קס"א =

אל (יא"י מילוי דס"ג) + שדי = ד"פ אלהים ע"ה = מהש לּוֹ אַשְׁרֵי

הָעָם ר"ת לאה שֶׁיְהֹוָהאדניאהדונהי (כתר) אֱלֹהָיו ילה :

[3]תְּהִלָּה ע"ה = אמת = אהיה פעמים אהיה = ז"פ ס"ג לְדָוִד

אֲרוֹמִמְךָ אֱלוֹהַי הַמֶּלֶךְ וַאֲבָרְכָה שִׁמְךָ

לְעוֹלָם ריבוע דס"ג + י' אותיות דס"ג וָעֶד:

בְּכָל ב"ן, לכב יוֹם ע"ה נגד = אל (יא"י מילוי דס"ג) + יהוה = מזבח, זן

אֲבָרְכֶךָּ וַאֲהַלְלָה מ"ה + יהוה שִׁמְךָ

לְעוֹלָם ריבוע דס"ג + י' אותיות דס"ג וָעֶד:

Joyful are those who dwell in Your House, they shall praise You, Selah. Joyful is the nation that this is theirs and joyful is the nation that The Lord is their God. A praise of David. I shall exalt You, my God, the King, and I shall bless Your Name forever and for eternity. I shall bless You every day and I shall praise Your Name forever and for eternity. God is great and exceedingly praised.

---

1) תהלים פ"ד, ה'. 2) תהלים קמ"ד, ט"ו. 3) תהלים קמ"ה. 4) על-ידי העניות והדלות מתכפרים עוונותיו של האדם ועל ידי זה השם יתברך עושה חסד עם בריותיו.

גָּדוֹל להוז ; עם ד' אותיות = מבה, יזל, אום יְהֹוָהאדני יאהדונהי (חכמה)

וּמְהֻלָּל אדני, ללה מְאֹד וְלִגְדֻלָּתוֹ והו אֵין חֵקֶר:

דּוֹר לְדוֹר יְשַׁבַּח מַעֲשֶׂיךָ ר"ת דלים[4] וּגְבוּרֹתֶיךָ

יַגִּידוּ ייז = כ"ב אותיות פשוטות (=אכא) וה' אותיות סופיות מנצפך :

הֲדַר כְּבוֹד הוֹדֶךָ וְדִבְרֵי נִפְלְאוֹתֶיךָ

ר"ת אלהים = אהיה + אדני אָשִׂיחָה ר"ת הפסוק = פ"ז (בסוד כתם טהור פז) :

וֶעֱזוּז נוֹרְאֹתֶיךָ יֹאמֵרוּ וּגְדוּלָּתְךָ (כתיב וגדלותיך) ר"ת

= ע"ב = ריבוע יהוה (י יה יהו יהוה) אֲסַפְּרֶנָּה ס"ת = ייא" (במילוי דס"ג) :

זֵכֶר רַב־טוּבְךָ לאו יַבִּיעוּ וְצִדְקָתְךָ

יְרַנֵּנוּ ס"ת = ב"ן, יבמ, לכב ; ר"ת הפסוק = רי"ו + יהוה :

חַנּוּן וְרַחוּם יְהֹוָהאדני יאהדונהי (בינה) ; חנון ורחום יהוה = עשל

אֶרֶךְ ס"ת = ס"ג + ב"ן אַפַּיִם ר"ת = יהוה וּגְדָל (כתיב וגדול)

־חָסֶד ע"ב (יוד הי ויו הי) = ריבוע יהוה (י יה יהו יהוה) :

His greatness is unfathomable. One generation and the next shall praise Your deeds and tell of Your might. The brilliance of Your splendid glory and the wonders of Your acts, I shall speak of. They shall speak of the might of Your awesome acts, and I shall tell of Your greatness. They shall express the remembrance of Your abundant goodness, and Your righteousness they shall joyfully proclaim. God is merciful and compassionate, slow to anger and great in kindness.

טוֹב והו ־יְהֹוָואדֹנָיאהדונהי (חסד) לַכֹּל יה + אדני ; ס״ת ל״ז (במילוי
דס״ג) וְרַחֲמָיו עַל־כָּל ילי ; על כל = עמם ; ר״ת ריבוע ב״ן ע״ה
מַעֲשָׂיו ס״ת ע״ב (יוד הי ויו הי) = ריבוע יהוה (י יה יהו יהוה) :
יוֹדוּךָ יְהֹוָואדֹנָיאהדונהי (גבורה) כָּל ילי ־מַעֲשֶׂיךָ
וַחֲסִידֶיךָ ר״ת אלהים = אהיה + אדני יְבָרְכוּכָה ס״ת = מ״ה :
כְּבוֹד מַלְכוּתְךָ יֹאמֵרוּ וּגְבוּרָתְךָ
יְדַבֵּרוּ ר״ת הפסוק = אלהים = אהיה + אדני ; ס״ת = ב״ן, יבמ, לכב :
לְהוֹדִיעַ לִבְנֵי הָאָדָם ר״ת ללה, אדני גְּבוּרֹתָיו וּכְבוֹד
הֲדַר מַלְכוּתוֹ ר״ת מ״ה וס״ת רי״ו ; ר״ת הפסוק ע״ה = ק״כ צירופי אלהים :
מַלְכוּתְךָ מַלְכוּת כָּל ילי ־עֹלָמִים וּמֶמְשַׁלְתְּךָ
בְּכָל ב״ן, לכב ־דּוֹר וָדֹר רי״ו :
סוֹמֵךְ ריבוע אדני יְהֹוָואדֹנָיאהדונהי (תפארת) לְכָל יה + אדני ;
סומך אדני לכל ר״ת סאל (שם של פרנסה) = אמן (יאהדונהי) ־הַנֹּפְלִים
וְזוֹקֵף לְכָל יה + אדני ־הַכְּפוּפִים נמם = ה׳ הויות (ה׳ גבורות) :

God is good to all, His compassion extends over all His acts. All that You have made shall thank You, God, and Your pious ones shall bless You. They shall speak of the glory of Your kingdom and talk of Your mighty deeds. His mighty deeds He makes known to man and the glory of His splendid kingdom. Yours is the kingdom of all worlds and Your reign extends to each and every generation. God supports all those who fall and holds upright those who are bent over.

עֵינֵי עין = ריבוע דמ״ה ־כֹל ילי אֵלֶיךָ יְשַׂבֵּרוּ

וְאַתָּה נוֹתֵן אבג יתץ, ושר ־לָהֶם אֶת־אָכְלָם בְּעִתּוֹ:

Poteach Et Yadecha - פותח את ידך

We connect to the letters *Pei, Aleph,* and *Yud* by opening our hands and motioning the palms skyward. Our consciousness is focused on receiving sustenance and financial prosperity from the Light through our personal tithing and sharing. In doing so, we also acknowledge that we are not in control and that the sustenance we receive is not the result of our own doing. According to Kabbalah, if we do not meditate on this idea at this juncture, we must repeat the prayer.

גם יכוין להמשיך מהרצון הנזכר שפע ומזון וברכה רבה לכל העולמות. יכוין בפסוק זה מאוד כי בו עיקר הפרנסה, ויכוין שהשם יתברך משגיח וזן ומפרנס לכל. ומי שלא כיון להבין משמעות הפסוק כפשוטו צריך לחזור ולאומרו.

פּוֹתֵחַ אֶת יָדֶךָ ר״ת פאי וס״ת וזתך (עם ג׳ אותיות = דִּיקַרְנוֹסָא ובא״ת ב״ש הוא סאל = פאי = אמן = יאהדונהי ; ועוד יכוין שם וזתך בשילוב יהוה - יְוֹזְהַתְוּכָהּ)

וּמַשְׂבִּיעַ וזתך (עם ג׳ אותיות = דִּיקַרְנוֹסָא ובא״ת ב״ש הוא סאל = אמן = יאהדונהי ; ועוד יכוין שם וזתך בשילוב יהוה - יְוֹזְהַתְוּכָהּ)

לְכָל יה + אדני וָזִי כל וזי = אהיה + אהיה + יהוה = בינה ע״ה = חיים

רָצוֹן ע״ב בריבוע + קס״א ע״ה = אל (מילוי דס״ג) + שדי ע״ה = מהש ע״ה

ר״ת רוזל שהיא המלכות הצריכה לשפע.

The eyes of all look hopefully towards You, and You give them their food at its proper time. Open Your Hands and satisfy every living thing with desire.

צַדִּיק יְהֹוָה יאהדונהי (יסוד) בְּכָל ב"ן, לכב

דְּרָכָיו וְחָסִיד בְּכָל ב"ן, לכב מַעֲשָׂיו יבמ, ב"ן:

קָרוֹב יְהֹוָה יאהדונהי (מלכות) לְכָל יה + אדני קֹרְאָיו לְכֹל

יה + אדני אֲשֶׁר יִקְרָאֻהוּ בֶאֱמֶת אהיה פעמים אהיה = ז"פ ס"ג:

רְצוֹן ע"ב בריבוע + קס"א ע"ה = אל (יא"י במילוי דס"ג) + שדי ע"ה = מהש ע"ה יְרֵאָיו

יַעֲשֶׂה ר"ת רי"י וְאֶת־שַׁוְעָתָם יִשְׁמַע וְיוֹשִׁיעֵם:

שׁוֹמֵר כ"א הויות שבתפילין יְהֹוָה יאהדונהי (נצח) אֶת־כָּל ילי

אֹהֲבָיו ר"ת אכא וְאֵת כָּל ילי הָרְשָׁעִים יַשְׁמִיד:

תְּהִלַּת יְהֹוָה יאהדונהי (הוד) יְדַבֶּר ראה פִּי וִיבָרֵךְ

ע"ב + ס"ג + מ"ה + ב"ן = הברכה (למתק את ז' המלכים שמתו) כָּל ילי בָּשָׂר

שֵׁם קָדְשׁוֹ לְעוֹלָם ריבוע ס"ג + י' אותיות דס"ג וָעֶד:

[1]וַאֲנַחְנוּ | נְבָרֵךְ יָהּ מֵעַתָּה וְעַד־עוֹלָם הַלְלוּיָהּ

אלהים = אהיה + אדני ; ללה:

God is righteous in all His ways and virtuous in all His deeds. God is close to all who call Him, only to those who call Him truthfully. He shall fulfill the will of those who fear Him; He heals their wailing and saves them. God protects all who love Him, and He destroys the wicked. My lips utter the praise of God, and all flesh shall bless His Holy Name, forever and for eternity. And we shall bless God forever and for eternity. Praise God!

---

1) תהלים קט"ו, י"ח.

Half Kaddish – חצי קדיש (ב"פ אור = ב"פ רז וכן, ב"פ אין סוף)

Five basic worlds – *Adam Kadmon* (Primordial Man), *Atzilut* (Emanation), *Briyah* (Creation), *Yetzirah* (Formation), and *Asiyah* (Action) – and ten dimensions (*Sfirot*) within these worlds (*Keter, Chochmah, Binah, Chesed, Gvurah, Tiferet, Netzach, Hod, Yesod,* and *Malchut*), make up the spiritual atmosphere. Six of these dimensions – *Chesed, Gvurah, Tiferet, Netzach, Hod,* and *Yesod* – are further enfolded into a unified realm called *Zeir Anpin*. The five worlds correspond to the following dimensions: *Adam Kadmon – Keter, Atzilut –Chochmah, Briyah–Binah, Yetzirah–Zeir Anpin and, Asiyah–Malchut.*

Each *Sfirah* acts as a curtain, diminishing the intensity of Light emanating from the Endless World. By the time the Light reaches the lowest level (our world, *Malchut*), it is concealed from our perception. This gives us the opportunity to perform our spiritual work in an arena where we can utilize free will to evolve, hone, and develop our godlike, proactive nature. Only through hard work and challenging situations do we fully savor and appreciate fulfillment. We asked for the challenges in order to earn the entire fulfillment that the Creator wants to give us. For without the hard-earned work of transforming our instinctive reactive impulses into a proactive nature, we feel Bread of Shame rather than 100% fulfilled. To maneuver through these five worlds, we need a vehicle or a spiritual elevator that can carry us upward and downward throughout the course of our prayers. The *Kaddish* is that vehicle. It connects us, one realm at a time, to worlds that are directly above or below us. By interconnecting the five worlds, the *Kaddish* is also the conduit through which the Light flows to us.

יִתְגַּדַּל וְיִתְקַדַּשׁ שדי + ין לת וד (מילוי שדי) ; י"א אותיות כמנין ו"ה

שְׁמֵיהּ (שם י"ה) רַבָּא קנ"א+ב"ן=יהוה+אלהים+יהוה+אדני=מילוי קס"א+ס"ג =

מ"ה ברבוע + ע"ב ע"ה ; ר"ת = ו"פ אלהים ; ס"ת = ג"פ יב"ק • אָמֵן אידהנויה.

בְּעָלְמָא דִּי בְרָא כִּרְעוּתֵיהּ. וְיַמְלִיךְ מַלְכוּתֵיהּ.

וְיַצְמַח פּוּרְקָנֵיהּ. וִיקָרֵב מְשִׁיחֵיהּ. אָמֵן אידהנויה.

May His great Name be more exalted and sanctified. (Amen) In the world that He created according to His will, and may His kingdom reign. And may He cause His redemption to sprout and may He bring the Messiah closer. (Amen)

בְּחַיֵּיכוֹן וּבְיוֹמֵיכוֹן וּבְחַיֵּי דְכָל בֵּית ב"פ ראה **יִשְׂרָאֵל בַּעֲגָלָא וּבִזְמַן קָרִיב וְאִמְרוּ אָמֵן. אָמֵן** אידהנויה.

The congregation and the prayer leader say the following:

קהל וש"ץ עונים ואומרים (בסוד כל העונה אמן יהא שמיה רבא מברך וגו' בכל כוחו [בכל כ"ח אותיות ותיבות שבו] קורעין לו גזר דינו - שבת קי"ט, ע"ב):

יְהֵא שְׁמֵיהּ (שם י"ה) **רַבָּא**

קנ"א + ב"ן = יהוה + אלהים + יהוה + אדני = מילוי קס"א + ס"ג = מ"ה ברבוע + ע"ב ע"ה

מְבָרַךְ, לְעָלַם לְעָלְמֵי עָלְמַיָּא. יִתְבָּרַךְ.

ז' תיבות בנות שש אותיות (שם בן מ"ב) ועוד - ז' ווין (שם בן מ"ב)

וְיִשְׁתַּבַּח.	**וְיִתְפָּאַר.**	**וְיִתְרוֹמַם.**	**וְיִתְנַשֵּׂא.**
יהוה אל	הי נו יה	וה כוזו	במוכסז (לפי האריז"ל
י"פ ע"ב			שם זה ממונה על
אבג יתץ	קרע שטן	נגד יכש	תחיית המתים)
			בטר צתג

וְיִתְהַדָּר.	**וְיִתְעַלֶּה.**	**וְיִתְהַלָּל.**
כוזו יה	וה יוד ה	א ואו הא
חקב טנע	יגל פזק	שקו צית

שְׁמֵיהּ (שם י"ה) **דְקוּדְשָׁא בְּרִיךְ הוּא. אָמֵן** אידהנויה.

לְעֵלָּא מִן כָּל יל"י **בִּרְכָתָא. שִׁירָתָא. תֻּשְׁבְּחָתָא וְנֶחָמָתָא. דַּאֲמִירָן בְּעָלְמָא וְאִמְרוּ אָמֵן: אָמֵן** אידהנויה.

In your lifetimes and in your days and in the lifetime of all the House of Israel, speedily and in the near future, and you should say, Amen. (Amen) May His great Name be blessed forever and for all eternity blessed and lauded, and glorified and exalted, and extolled and honored, and uplifted and praised, be the Name of The Holy Blessed One. (Amen) Above all blessings, songs, praises, and words of consolation that may be said in the world, and you shall say, Amen. (Amen)

17

LECHA HASHEM - לך ה' הצדקה

The purpose behind this prayer is to help in the cleansing process of our soul by removing all the negative energy and residue that we've accumulated throughout the year.

לְךָ אֲדֹנָי הַצְּדָקָה ע״ה = ריבוע אלהים • וְלָנֹוּ אלהים = אהיה ⁻ אדני

בֹּשֶׁת הַפָּנִים: מַה מ״ה נִּתְאוֹנֵן וּמַה מ״ה נֹּאמַר ¹מַה מ״ה

נְּדַבֵּר ראה וּמַה מ״ה נִּצְטַדָּק: נַחְפְּשָׂה דְרָכֵינוּ וְנַחְקְרָה

וְנָשׁוּבָה אֵלֶיךָ: כִּי יְמִינְךָ פְּשׁוּטָה לְקַבֵּל שָׁבִים:

שָׁבִים אֵלֶיךָ בְּכָל לכב, ב״ן לֵב. שַׁוְעָתָם תְּקַבֵּל

בְּרַחֲמֶיךָ: בְּרַחֲמֶיךָ הָרַבִּים בָּאנוּ לְפָנֶיךָ ס״ג ⁻ מ״ה ⁻ ב״ן •

כְּדַלִּים ע״י העניות והדלות נתכפר עונותיו על האדם וּכְרָשִׁים דָּפַקְנוּ

דְּלָתֶיךָ: דְּלָתֶיךָ דָּפַקְנוּ רַחוּם וְחַנּוּן. אַל תְּשִׁיבֵנוּ

רֵיקָם מִלְּפָנֶיךָ ס״ג ⁻ מ״ה ⁻ ב״ן : מִלְּפָנֶיךָ ס״ג ⁻ מ״ה ⁻ ב״ן

מַלְכֵּנוּ רֵיקָם אַל תְּשִׁיבֵנוּ. כִּי אַתָּה שׁוֹמֵעַ

תְּפִלָּה בא״ת ב״ש אוּכצ = ב״ן ⁻ אדני וניקודה ע״ה = יוד הי וו הה :

For yours, Lord, is righteousness, and ours is nothing but shame. How can we complain? What can we say? What can we declare? How can we be justified? Let us search our ways and probe them and return to You, for Your right hand is outstretched to accept those who return. They return to you wholeheartedly, may you accept their cry with Your mercy. Through Your abundant mercy we have come before You, like the poor and destitute do we knock on Your door; at Your door we do knock, O merciful and gracious One, do not turn us away empty handed from before You. From before You, our King, empty handed do not turn us away for You heed prayer,

---

1) בראשית מ׳ י״ד, ט״ז.

שׁוֹמֵעַ תְּפִלָּה באת ב"ש אֻכְצַ = ב"ן + אדני וניקודה ע"ה = יוד הי וו הה ◆
עָדֶיךָ כָּל ילי בָּשָׂר יָבוֹאוּ: שׁוֹמֵעַ תְּחִנָּה. אֵלֶיךָ כָּל ילי
הָרוּחוֹת יָבוֹאוּ: יָבוֹאוּ אֵלֶיךָ הָרוּחוֹת. וְכָל הַנְּשָׁמָה:
הַנְּשָׁמָה לָךְ וְהַגּוּף פָּעֳלָךְ. חוּסָה עַל עֲמָלָךְ: הַנְּשָׁמָה
לָךְ וְהַגּוּף פָּעֳלָךְ, צוּר אלהים ההין ע"ה אֲשֶׁר אֵין דּוֹמֶה
לָךְ. חוּסָה עַל עֲמָלָךְ: הַנְּשָׁמָה לָךְ וְהַגּוּף פָּעֳלָךְ.
יְהֹוָהאדניאהדונהי עֲשֵׂה לְמַעַן שְׁמֶךָ: אָתָאנוּ עַל שִׁמְךָ.
יְהֹוָהאדניאהדונהי עֲשֵׂה לְמַעַן שְׁמֶךָ: בַּעֲבוּר שִׁמְךָ. כִּי
אֵל יי"א (מילוי דס"ג) מֶלֶךְ חַנּוּן וְרַחוּם שְׁמֶךָ: שִׁמְךָ נִקְרָא
עָלֵינוּ. יְהֹוָהאדניאהדונהי אֱלֹהֵינוּ ילה : שִׁמְךָ נִקְרָא
בְּקִרְבֵּנוּ. אַל תַּנִּיחֵנוּ יְהֹוָהאדניאהדונהי אֱלֹהֵינוּ ילה :

Who heeds prayer unto You does all mankind come! Who heeds supplication, to you all spirits come. All spirits come to You and all who have a soul! The soul is Yours and the body is Your doing, take pity upon the fruit of Your labor! The soul is Yours and the body is Your doing O Rock–there is none like You-take pity upon the fruit of Your labor! The soul is Yours and the body is Your doing–Lord for Your Name's sake! We have come by Your Name, Lord, do for Your Name's sake. Act for Your Name's sake, for God, King, gracious and merciful is Your Name. Your Name is called upon us, Lord, our God! Your Name is called in our midst do not abandon us, Lord, our God!

שֵׁבֶט יְהוּדָה בְּדוֹחַק וּבְצַעַר. הֲיִשְׁאַג אַרְיֵה בַּיָּעַר:

מְקַוִּים יְשׁוּעָתְךָ אָבוֹת וּבָנִים. הָעֲנִיִּים [עִין = רִיבּוּעַ מ"ה]

וְהָאֶבְיוֹנִים: עֲמֹד בַּפֶּרֶץ בַּל נִהְיֶה לִשְׂחוֹק. [¹]לָמָה

יְהֹוָה[אדנ"י-אהדונה"י] תַּעֲמֹד בְּרָחוֹק [שד"י] : יוֹנָתְךָ עַד שַׁעֲרֵי

מָוֶת הִגִּיעָה. [²]יוֹשֵׁב הַכְּרוּבִים הוֹפִיעָה: [³]הָבָה לָּנוּ

אלהים = אהיה ‑ אדני ‑ עֶזְרָת מיכאל ‑ מלכיאל ‑ ענגדיאל = יהוה פעמים יהוה ע"ה

מִצָּר [מצר] • [⁴]הֲיַד יְהֹוָה[אדנ"י-אהדונה"י] וזו' תִּקְצָר: וְחַדֵּשׁ [י"ב הויות]

[= קס"א ‑ קנ"א] יָמֵינוּ בְּגָלוּת יָשֵׁן. עוּרָה לָמָּה תִישָׁן: זְכוֹר

ע"ב ‑ קס"א = יהי אור ע"ה (סוד המשכת השפע מן ד' שמות ליסוד הנקרא זכור)

בָּנֶיךָ בְּאֶרֶץ לֹא לָהֶם. וְזָר לֹא יִקְרַב אֲלֵיהֶם: קֵץ [מנק]

הַנְּחוֹתָם גַּלֵּה לִגְלְמוּדָה. [⁵]יִשְׂמְחוּ הַר צִיּוֹן [יוסף, ר' הויות, קנאה]

תָּגֵלְנָה בְּנוֹת יְהוּדָה: שַׁוְעָתֵנוּ תַּעֲלֶה לִשְׁמֵי מְרוֹמִים.

אֵל [יי"י (מילוי דס"ג)] מֶלֶךְ יוֹשֵׁב עַל כִּסֵּא רַחֲמִים.

The tribe of Yehuda is in difficulty and distress; can the Lion roar in the forest? Fathers and sons hope for Your salvation—the poor and the destitute. Stand in the breech so that we should be a laughingstock; why O Lord, do You stand at a distance? Your dove has arrived at the gates of death; O Dweller upon the Cherubs, appear. Give us help against the oppressor; is the hand of the Lord too short? Renew our days in this aged exile; behold neither will He slumber nor sleep. Awaken! Why do You sleep? Remember Your children in a land that is not theirs. No stranger shall come close to them. Reveal to the lonely on the sealed end. Mount Zion be happy, and the daughters of Yehuda will rejoice. Our beseech will ascend to highest heavens. O God the King, Who sits on the throne of mercy.

---

1) תהלים י', א'. 2) שם פ', ב'. 3) שם ס', י"ג. 4) במדבר י"א, כ"ג. 5) שם מ"ח, י"ב. 6) שמות ל"ד, ה'.

THE THIRTEEN ATTRIBUTES - י"ג מידות

The Thirteen Attributes are 13 virtues or properties that reflect 13 different aspects of our relationship with the Creator on a daily basis. They work like a mirror: When we look into a mirror and smile, the image smiles back. When we look into a mirror and curse, the image curses back. If we perform a negative action in our world, the mirror reflects negative energy back to us. As we attempt to transform our reactive nature into proactive behavior, this direct feedback guides and corrects us. The number 13 also represents one above the 12 signs of the zodiac. The 12 signs control our instinctive, reactive behavior. The number 13 gives us control over the 12 signs, thereby giving us control over our reactive nature.

Kabbalistically, an astrological chart is best understood as a DNA blueprint of a person's spiritual nature, the purpose of which is to give each individual a certain type of nature for the sole objective of correcting and transforming it during his lifetime. We are supposed to use the positive aspects of our sign to overcome and transform all the negative aspects reflected in our inner character.

Our positive traits do not win us points in the game of life. We gain points only when we transform our negative nature, which sheds a little light on the age—old question: *Why do the good die young?* We did not come to this world to be good. We came to be *better* by continually transforming ourselves, perpetually improving ourselves, and elevating our spirits. This concept is relative to each individual. Instead of focusing on our positive traits, we must tackle our negative ones with full force. The degree of change in our nature determines the degree of fulfillment we achieve from life.

Yet another important concept to understand is that our personal astrological profile is not the cause of our nature; it is merely the effect. We are handed this particular DNA blueprint based on our past life behavior and the baggage we bring into our current life. The subsequent spiritual credits and debits determine the time and sign under which we are born. Astrology is merely the mechanism by which we inherit the required traits necessary for our inner growth and change.

אֵל יא"י (מילוי דס"ג) מֶלֶךְ יוֹשֵׁב עַל כִּסֵּא רַחֲמִים
וּמִתְנַהֵג בַּחֲסִידוּת. מוֹחֵל עֲוֹנוֹת עַמּוֹ מַעֲבִיר רִאשׁוֹן
רִאשׁוֹן. מַרְבֶּה מְחִילָה לַחַטָּאִים. וּסְלִיחָה לַפּוֹשְׁעִים.
עוֹשֶׂה צְדָקוֹת עִם כָּל ילי בָּשָׂר וְרוּחַ. לֹא כְרָעָתָם
לָהֶם גּוֹמֵל. אֵל יא"י (מילוי דס"ג) הוֹרֵיתָנוּ לוֹמַר מִדּוֹת
שְׁלֹשׁ עֶשְׂרֵה. זְכוֹר ע"ב + קס"א = יהי אור ע"ה (סוד המשכת השפע מן
ד' שמות ליסוד הנקרא זכור) • לָנוּ אלהים = אהיה + אדני הַיּוֹם ע"ה = נגד =
אל (יא"י מילוי דס"ג) + יהוה = מזבח, זן בְּרִית שְׁלֹשׁ עֶשְׂרֵה. כְּמוֹ
שֶׁהוֹדַעְתָּ לֶעָנָו (שהוא משה) מִקֶּדֶם. וְכֵן כָּתוּב בְּתוֹרָתָךְ.
6 וַיֵּרֶד ריי יְהֹוָהאדניאהדונהי בֶּעָנָן וַיִּתְיַצֵּב עִמּוֹ שָׁם וַיִּקְרָא
עם האותיות = ב"פ קס"א בְשֵׁם יְהֹוָהאדניאהדונהי וְשָׁם נֶאֱמַר:

Almighty King who sits on the throne of mercy, comforting Himself with kindness, pardons the iniquities of His people; He removes (their sins) one by one, extends pardon to sinners and forgiveness to transgressors. Acts charitably towards all mortals, not repaying them according to their wickedness. Oh God who taught us to recite the Thirteen (Attributes), remember unto us this day, the covenant of the Thirteen (Attributes). As You revealed them to the humble one (who is Moses) of old. As is written in Your Torah. And God descended in the cloud and stood with him there and proclaimed the name of God. And it is stated there:

¹וַיַּעֲבֹר רפ"ח להעלות רפ"ח ניצוצות שנפלו לקליפה דמשם באים החולאים

יְהֹוָהאדניאהדונהי עַל ר"ת = אלהים = אהיה + אדני

פָּנָיו וַיִּקְרָא עם האותיות = ב"פ קס"א ; ר"ת = אלהים = אהיה + אדני

יְהֹוָהאדניאהדונהי | יְהֹוָהאדניאהדונהי

And God passed before him and proclaimed: Lord, Lord

1) אֵל יא"י מילוי דס"ג (כתר) 2) רַחוּם (חכמה) 3) וְחַנּוּן 4) אֶרֶךְ

5) אַפַּיִם 6) וְרַב־חֶסֶד ע"ב = ריבוע יהוה (י יה יהו יהוה)

7) וֶאֱמֶת אהיה פעמים אהיה = ז"פ ס"ג

8) נֹצֵר חֶסֶד ע"ב = ריבוע יהוה (י יה יהו יהוה) 9) לָאֲלָפִים ר"ת שם נחל

10) נֹשֵׂא עָוֹן 11) וָפֶשַׁע 12) וְחַטָּאָה 13) וְנַקֵּה קס"א (אלף הי יוד הי)

וע"י שם זה יכוין לברר ולנקות את נצוצי הקדושה שנפלו עם הקיטרוגים, להעלותם לשורשם:

1) God, 2) merciful, 3) and gracious, 4) slow, 5) to anger,
6) abundant in loving kindness, 7) and truthful,
8) keeping loving kindness, 9) to the thousandth generation,
10) forgiving iniquity, 11) transgression,
12) and sin, 13) and acquitting.

²וְסָלַחְתָּ לַעֲוֹנֵנוּ וּלְחַטָּאתֵנוּ וּנְחַלְתָּנוּ:

And You shall forgive our iniquity and our sin,
and take us for Your inheritance.

---

1) שמות ל"ד, ו' - ז'. 2) שמות ל"ד, ט'.

ANSHEI EMUNAH - אנשי אמונה

The letters of the Aramaic alphabet are encoded into this prayer according to their sequence and order. Each of the 22 letters, and the 22 energy forces that they represent, created our entire universe. We utilize this DNA-like power to help correct the original sin of Adam, which still affects all of Creation. To activate this power, we must make an attempt to realize that all the sins of Adam also manifest in our own life as well. We are a microcosm of Adam. "Adam" is a code word for the original Vessel that existed in the Endless World before our physical universe came into existence. Adam contained two aspects: a positive "electrical" charge (male) and a negative "electrical" charge (female). These two forces are known by the code term "Adam and Eve." When our world was created, the vessel broke into two—Eve separated from Adam. These two positive and negative spiritual entities then shattered into endless pieces. Adam became *atom,* giving birth to the protons (positive), electrons (negative), and neutrons that built our entire universe. Each of us is, therefore, a part of the original Adam and Eve (the Vessel). His sin is our sin (our reactive behavior). We came to this world to transform from reactive into proactive. When all humanity makes this transformation, either through suffering and torment or through self-imposed spiritual growth, the cosmic Adam will be corrected, and the infinite Light of fulfillment will fill all reality. Through the power of these verses, we gain the spiritual strength to not repeat the sins that we committed the previous year.

צריך לומר בסדר האלפא ביתא ובתשר״ק שבהם נברא העולם,
ועוד - דאדם הראשון חטא מאלף ועד ת״ו, ועשה תשובה דרך תשר״ק.

(כ״ב אותיות עולה למנין אכא)

אַנְשֵׁי אֱמוּנָה אָבָדוּ. בָּאִים בְּכֹחַ מַעֲשֵׂיהֶם:
גִּבּוֹרִים לַעֲמוֹד בַּפֶּרֶץ. דּוֹחִים אֶת הַגְּזֵרוֹת:

The people of faith are gone; those who were strong in deeds. Strong to stand in the breech; they averted evil decrees.

הָיוּ לָנוּ אלהים = אהיה + אדני לְחוֹמָה. וּלְמַחְסֶה בְּיוֹם ע״ה = נגד =
אל (יי״א מילוי דס״ג) + יהוה = מזבח, זן זַעַם: זוֹעֲכִים אַף בְּלַחֲשָׁם.
וְחֵמָה עָצְרוּ בְּשַׁוְעָם: טֶרֶם קְרָאוּךָ עֲנִיתָם. יוֹדְעִים
לַעְתֹּר וּלְרַצּוֹת: כְּאָב רִחַמְתָּ לְמַעֲנָם. לֹא הֱשִׁיבוֹתָ
פְּנֵיהֶם רֵיקָם: מֵרֹב עֲוֹנֵינוּ אֲבַדְנוּם. נֶאֶסְפוּ מֶנּוּ
בַּחֲטָאֵינוּ: סָעוּ הֵמָּה לִמְנוּחוֹת. עָזְבוּ אוֹתָנוּ לַאֲנָחוֹת:
פַּסּוּ גּוֹדְרֵי גָדֵר. צָמְתוּ מְשִׁיבֵי חֵמָה: קָמִים בַּפֶּרֶץ
אַיִן. רְאוּיִים לְרַצּוֹתְךָ אָפֵסוּ: שׁוֹטַטְנוּ בְּאַרְבַּע פִּנּוֹת.
תְּרוּפָה לֹא מָצָאנוּ: שַׁבְנוּ אֵלֶיךָ בְּבֹשֶׁת פָּנֵינוּ.
לְשַׁחֶרְךָ אֵל יי״א (מילוי דס״ג) בְּעֵת סְלִיחוֹתֵינוּ:

They were to us a rampart; a protection in the day of wrath. They quenched anger with their whispered prayers; they subdued ire with their supplications. Before they called to You, You answered them; they knew how to beseech and conciliate. Like a father, You had mercy on them; You did not turn them away empty. Because of our many iniquities, we have lost them; they have been taken from us because of our sins. They have gone to their rest; they have left us with sighing. Those who built fences have passed away; those who restrained wrath have been cut off. Those who stood in the breech are no more; those worthy to conciliate have disappeared. We have wandered to the four corners (of the earth); we have found no relief. We return to You with faces full of shame, to seek You, O God, at the time set for our penitential prayers.

THE THIRTEEN ATTRIBUTES - **י״ג מידות**

אֵל ייא״י (מילוי דס״ג) **מֶלֶךְ יוֹשֵׁב עַל כִּסֵּא רַחֲמִים וּמִתְנַהֵג בַּחֲסִידוּת. מוֹחֵל עֲוֹנוֹת עַמּוֹ מַעֲבִיר רִאשׁוֹן רִאשׁוֹן. מַרְבֶּה מְחִילָה לְחַטָּאִים. וּסְלִיחָה לְפוֹשְׁעִים. עוֹשֶׂה צְדָקוֹת עִם כָּל** ילי **בָּשָׂר וְרוּחַ. לֹא כְרָעָתָם לָהֶם גּוֹמֵל. אֵל** ייא״י (מילוי דס״ג) **הוֹרֵתָנוּ לוֹמַר מִדּוֹת שְׁלֹשׁ עֶשְׂרֵה. זְכוֹר** ע״ב + קס״א = יהי אור ע״ה (סוד המשכת השפע מן ד׳ שמות ליסוד הנקרא זכור) **לָנוּ** אלהים = אהיה + אדני **הַיּוֹם** ע״ה = נגד = אל (ייא״י מילוי דס״ג) + יהוה = מזבח, זן **בְּרִית שְׁלֹשׁ עֶשְׂרֵה. כְּמוֹ שֶׁהוֹדַעְתָּ לֶעָנָו** (שהוא משה) **מִקֶּדֶם. וְכֵן כָּתוּב בְּתוֹרָתָךְ.**

[1]**וַיֵּרֶד** רי״י **יְהֹוָה**אדניאהדונהי **בֶּעָנָן וַיִּתְיַצֵּב עִמּוֹ שָׁם וַיִּקְרָא** עם האותיות = ב״פ קס״א **בְשֵׁם יְהֹוָה**אדניאהדונהי **וְשָׁם נֶאֱמַר:**

[2]**וַיַּעֲבֹר** רפ״ח להעלות רפ״ח ניצוצות שנפלו לקליפה דמשם באים החטאים

יְהֹוָהאדניאהדונהי **עַל** ר״ת = אלהים = אהיה + אדני

פָּנָיו וַיִּקְרָא עם האותיות = ב״פ קס״א ; ר״ת = אלהים = אהיה + אדני

יְהֹוָהאדניאהדונהי | **יְהֹוָה**אדניאהדונהי

1) **אֵל** ייא״י מילוי דס״ג (כתר) 2) **רַחוּם** (חכמה) 3) **וְחַנּוּן** 4) **אֶרֶךְ**

5) **אַפַּיִם** 6) **וְרַב־חֶסֶד** ע״ב = ריבוע יהוה (י יה יהו יהוה)

7) **וֶאֱמֶת** אהיה פעמים אהיה = ז״פ ס״ג **:**

8) **נֹצֵר חֶסֶד** ע״ב = ריבוע יהוה (י יה יהו יהוה) 9) **לָאֲלָפִים** ר״ת שם נוזל

10) **נֹשֵׂא עָוֹן** 11) **וָפֶשַׁע** 12) **וְחַטָּאָה** 13) **וְנַקֵּה** קס״א (אלף הי יוד הי)

וע״י שם זה יכוין לברר ולנקות את נצוצי הקדושה שנפלו עם הקיטרוגים, להעלותם לשורשם:

[3]**וְסָלַחְתָּ לַעֲוֹנֵנוּ וּלְחַטָּאתֵנוּ וּנְחַלְתָּנוּ:**

1) שמות ל״ד, ה׳. 2) שמות ל״ד, ו׳ - ז׳. 3) שמות ל״ד, ט׳.

Tamahnu - תמהנו

This connection is similar to the previous one, except the Aramaic letters are now encoded into the verses in their reverse order.
לפי סדר תשר״ק כנ״ל

תָּמַהְנוּ מֵרָעוֹת. תָּשַׁשׁ כֹּחֵנוּ מִצָּרוֹת: שַׁחְנוּ עַד
לִמְאֹד. שָׁפַלְנוּ עַד עָפָר: רַחוּם כַּךְ הִיא מִדָּתֵנוּ.
קְשֵׁה עֹרֶף וּמַמְרִים אֲנַחְנוּ: צָעַקְנוּ בְּפִינוּ חָטָאנוּ.
פְּתַלְתֹּל וְעִקֵּשׁ לִבֵּנוּ: עֶלְיוֹן רַחֲמֶיךָ מֵעוֹלָם.
סְלִיחָה עִמְּךָ הִיא: נִחָם עַל הָרָעָה רהע . מַטֵּה כְלַפֵּי
חֶסֶד ע״ב = ריבוע יהוה (י יה יהו יהוה) : לֹא תִתְעַלָּם בְּעִתּוֹת
כָּאֵל יי״א (מילוי דס״ג) . כִּי בְצָרָה אלהים דההין גְּדוֹלָה אֲנַחְנוּ:
יִוָּדַע לְעֵינֵי עין = ריבוע מ״ה הַכֹּל. טוּבְךָ לאו וְחַסְדְּךָ
עִמָּנוּ ריבוע ס״ג = קס״א ע״ה וד׳ אותיות : חֲתֹם פֶּה מילה, וע״ה =
אלהים = אהיה + אדני שָׂטָן וְאַל יַשְׂטִין עָלֵינוּ. גְּעָם בּוֹ וְיִדּוֹם:
וְיַעֲמֹד מֵלִיץ טוֹב והו לְצַדְּקֵנוּ. הוּא
יַגִּיד ייז = כ״ב אותיות פשוטות (= אכא) וה׳ אותיות סופיות מנצפך יְשָׁרֵנוּ:
דְּרָכֶיךָ רַחוּם וְחַנּוּן גִּלִּיתָ לְנֶאֱמַן בֵּיתְךָ ב״פ ראה :
בְּבַקָּשׁוֹ אָז מִלְּפָנֶיךָ ס״ג + מ״ה + ב״ן . אֱמוּנָתְךָ הוֹדַעְתָּ לוֹ:

We are bewildered by sufferings; our strength is weakened by troubles. We are cast down, exceedingly low; we are brought down to the dust. Merciful One, such is our nature; stubborn and rebellious are we. We cried out that we have sinned; but our heart is crooked and perverse. O Most High, Your compassion is forever. Forgiveness is with You. Repent for the evil; incline towards loving kindness. Do not conceal Yourself at times like these; for we are greatly troubled. Let it be known to all, that Your goodness and loving kindness are with us. Seal the mouth of our adversary so that he cannot accuse us; rebuke him so that he will be silent. And let a defender arise to plead our righteousness and declare our uprightness. Your ways, O Merciful and Gracious One, You revealed to (Moses) Your faithful one; when he requested it of You; You make known to him Your faithfulness.

THE THIRTEEN ATTRIBUTES - **י״ג מידות**

אֵל יָי״י (מילוי דס״ג) מֶלֶךְ יוֹשֵׁב עַל כִּסֵּא רַחֲמִים

וּמִתְנַהֵג בַּחֲסִידוּת. מוֹחֵל עֲוֹנוֹת עַמּוֹ מַעֲבִיר רִאשׁוֹן

רִאשׁוֹן. מַרְבֶּה מְחִילָה לַחַטָּאִים. וּסְלִיחָה לַפּוֹשְׁעִים.

עוֹשֶׂה צְדָקוֹת עִם כָּל יָי בָּשָׂר וָרוּחַ. לֹא כְרָעָתָם

לָהֶם גּוֹמֵל. אֵל יָי״י (מילוי דס״ג) הוֹרֵיתָנוּ לוֹמַר מִדּוֹת

שְׁלֹשׁ עֶשְׂרֵה. זְכוֹר ע״ב ← קס״א = יהי אור ע״ה (סוד המשכת העשפע מן

ד׳ שמות ליסוד הנקרא זכור) ← לָנוּ אלהים = אהיה ← אדני הַיּוֹם ע״ה = נגד =

אל (יָי״י מילוי דס״ג) ← בְּרִית שְׁלֹשׁ עֶשְׂרֵה. כְּמוֹ זז מזבוז, = יהוה

שֶׁהוֹדַעְתָּ לֶעָנָו (שהוא משה) מִקֶּדֶם. וְכֵן כָּתוּב בְּתוֹרָתֶךָ.

¹וַיֵּרֶד רִי יְהֹוָ־אהדונהי בֶּעָנָן וַיִּתְיַצֵּב עִמּוֹ שָׁם וַיִּקְרָא

עם האותיות = ב״פ קס״א בְּשֵׁם יְהֹוָ־אהדונהי וְשָׁם נֶאֱמַר:

²וַיַּעֲבֹר רפ״ח להעלות רפ״ח ניצוצות עונצות עונפלו לקליפה דמשם באים התחלואים

יְהֹוָ־אהדונהי עַל ר״ת = אלהים = אהיה ← אדני

פָּנָיו וַיִּקְרָא עם האותיות = ב״פ קס״א ; ר״ת = אלהים = אהיה ← אדני

יְהֹוָ־אהדונהי | יְהֹוָ־אהדונהי

(1) אֵל יָי״י מילוי דס״ג (כתר) (2) רַחוּם (חכמה) (3) וְחַנּוּן (4) אֶרֶךְ

(5) אַפַּיִם (6) וְרַב־חֶסֶד ע״ב = ריבוע יהוה (י יה יהו יהוה)

(7) וֶאֱמֶת אהיה פעמים אהיה = ז״פ ס״ג :

(8) נֹצֵר חֶסֶד ע״ב = ריבוע יהוה (י יה יהו יהוה) (9) לָאֲלָפִים ר״ת שם נוזל

(10) נֹשֵׂא עָוֹן (11) וָפֶשַׁע (12) וְחַטָּאָה (13) וְנַקֵּה קס״א (אלף הי יוד הי)

ועי״ז שם זה יכוין לברר ולנקות את נצוצי הקדושה שנפלו עם הקיטרוגים, להעלותם לשרשם:

³וְסָלַחְתָּ לַעֲוֹנֵנוּ וּלְחַטָּאתֵנוּ וּנְחַלְתָּנוּ:

1) שמות ל״יד, ה׳. 2) שמות ל״יד, ו׳ - ז׳. 3) שמות ל״יד, ט׳.

ASHAMNU (VIDDUY) - וידוי

Our consciousness during *Slichot,* especially while meditating and reading the next few passages should be one of recognizing our shortcomings and wrong choices in order to get closer to the Light. Self-denial, whether intentional or not, creates many layers of separation between us and the Creator. The *Ashamnu* has been designed by the sages in the order of the Aramaic alphabet. We recite or scan each of the words and strike our chest gently with our right hand in order to ignite the Light of the Creator inside us, and to remove the residue and cleanse the negativity created by our selfish and intolerant past actions. Every time we make a wrong choice or do something negative, we lull the Light inside of us into a state of dormancy. Our consciousness and desire to change is what awakens the Light. We must make an attempt to feel and experience the pain that we've caused others through our emotions, and not by the physical pain we could feel if we struck our chest too hard.

אָנָּא ב״ן יְהֹוָאדֹהֵנָויאהדונהי אֱלֹהֵינוּ ילה וֵאלֹהֵי לכב ; מילוי ע״ב = רמב ; ילה אֲבוֹתֵינוּ. תָּבֹא לְפָנֶיךָ ס״ג - מ״ה - ב״ן תְּפִלָּתֵנוּ וְאַל תִּתְעַלַּם מַלְכֵּנוּ מִתְּחִנָּתֵנוּ. שֶׁאֵין אֲנַחְנוּ עַזֵּי אלהים ע״ה = אהיה - אדני ע״ה פָנִים וּקְשֵׁי עוֹרֶף לוֹמַר לְפָנֶיךָ ס״ג - מ״ה - ב״ן יְהֹוָאדֹהֵנָויאהדונהי אֱלֹהֵינוּ ילה וֵאלֹהֵי לכב ; מילוי ע״ב = רמב ; ילה אֲבוֹתֵינוּ צַדִּיקִים אֲנַחְנוּ וְלֹא־חָטָאנוּ. אֲבָל חָטָאנוּ. עָוִינוּ. פָּשַׁעְנוּ. אֲנַחְנוּ וַאֲבוֹתֵינוּ וְאַנְשֵׁי בֵיתֵנוּ ב״פ ראה :

We beseech You, Lord, our God and the God of our fathers. May our prayer come before You and do not ignore Our King from our plea. For we are not arrogant and stiff necked to say before You Lord, our God and the God of our fathers that we are righteous and we did not sin. For we have sinned, we have committed iniquity, we have transgressed, we and our fathers and the people of our household.

בוידוי מכים ביד ימין כנגד הלב לנענע החסדים והגבורות שיתגדלו שם לצורך הזיווג, אפילו שיודע שלא נכשל בחטא ההוא עם כל זה צריך להתוודות. שכל ישראל ערבים זה לזה ולכן נתקן הוידוי בלשון רבים, ועוד שזה גם על גלגולים אחרים וגם על הבאים משורש נשמתו.

לפי הא"ב (כ"ב אותיות ג'ימ' אכא מעב"ש).

כמנפצ כפולים כנגד אותיות סופיות םןץףך אָשַׁמְנוּ. בָּגַדְנוּ. גָּזַלְנוּ.

דִּבַּרְנוּ ראה דּוֹפִי וְלָשׁוֹן הָרָע. הֶעֱוִינוּ. וְהִרְשַׁעְנוּ.

זַדְנוּ. וְחָמַסְנוּ. טָפַלְנוּ שֶׁקֶר וּמִרְמָה. יָעַצְנוּ עֵצוֹת

רָעוֹת. כִּזַּבְנוּ. כָּעַסְנוּ. לַצְנוּ. מָרַדְנוּ. מָרִינוּ

דְּבָרֶיךָ ראה. נִאַצְנוּ. נִאַפְנוּ. סָרַרְנוּ. עָוִינוּ. פָּשַׁעְנוּ.

פָּגַמְנוּ. צָרַרְנוּ. צִעַרְנוּ אָב וָאֵם. קִשִּׁינוּ עֹרֶף.

רָשַׁעְנוּ. שִׁחַתְנוּ. תִּעַבְנוּ. תָּעִינוּ. וְתִעְתַּעְנוּ

וְסַרְנוּ מִמִּצְוֹתֶיךָ וּמִמִּשְׁפָּטֶיךָ הַטּוֹבִים וְלֹא שָׁוָה

לָנוּ אלהים = אהיה + אדני . וְאַתָּה צַדִּיק עַל כָּל ילי ; על כל = עמם

הַבָּא עָלֵינוּ כִּי־אֱמֶת אהיה פעמים אהיה = ז"פ ס"ג

עָשִׂיתָ וַאֲנַחְנוּ הִרְשָׁעְנוּ יכוין רק על העבר שלא יפתח פיו לשטן :

We are guilty, we betrayed, we stole, we spoke gossip and evil speech, we caused iniquity, we convicted, we were wanton, we stole, we robbed, we accused falsely and deceitfully, we gave bad advice, we lied, we have anger, we mocked, we revolted, we rebelled Your commandments, we gave contempt, we committed adultery, we have been perverted, we caused wickedness, we transgressed, we damaged, we gave sorrow to our mother and father, we were stubborn, we caused evil, we have been wicked, we have corrupted, we committed abominations, we have gone astray from Your commandments and good laws, and it has not benefited us. For You are righteous regarding whatever has befallen us, for You have acted truthfully and we caused wickedness.

30

ANENU - עננו

In these verses, we are asking the Creator to answer our prayers. The ancient kabbalists often asked: *Why do our prayers go unanswered?* The reason is that we have failed to understand the inner spiritual significance underlying the words of our prayers. For example, we are not really asking God to answer our prayers. Does an all-loving, infinite Creator need motivation to answer prayers? What we are really asking from the Creator is to give us the strength so that *we* can ignite the power of our prayers. The ignition key is our desire to change and our willingness to surrender our ego.

(יש להזהר מאוד בקריאת מלת עננו לבטאה עֲנֵנוּ בנו״ן רפויה)

עֲנֵנוּ אָבִינוּ עֲנֵנוּ. עֲנֵנוּ בּוֹרְאֵנוּ עֲנֵנוּ. עֲנֵנוּ גּוֹאֲלֵנוּ עֲנֵנוּ.

עֲנֵנוּ דּוֹרְשֵׁנוּ עֲנֵנוּ. עֲנֵנוּ הוד ההה וְהָדָר עֲנֵנוּ.

עֲנֵנוּ וָתִיק בְּנֶחָמוֹת עֲנֵנוּ. עֲנֵנוּ זָךְ ייי וְיָשָׁר עֲנֵנוּ.

עֲנֵנוּ וָזֹי וְקַיָּם עֲנֵנוּ. עֲנֵנוּ טָהוֹר י״פ אכא עֵינַיִם עֲנֵנוּ.

עֲנֵנוּ יוֹשֵׁב שָׁמַיִם י״פ טל׳ י״פ כוזו עֲנֵנוּ. עֲנֵנוּ כַּבִּיר

כֹּחַ עֲנֵנוּ. עֲנֵנוּ לֹא אֵל ייא״י (מילוי דס״ג) וְזֹעֵף בְּרֶשַׁע

עֲנֵנוּ. עֲנֵנוּ מֶלֶךְ מַלְכֵי הַמְּלָכִים עֲנֵנוּ. עֲנֵנוּ

נוֹרָא וְנִשְׂגָּב עֲנֵנוּ. עֲנֵנוּ סוֹמֵךְ ריבוע אדני נוֹפְלִים עֲנֵנוּ.

Answer us our Father answer us. Answer us our Creator answer us. Answer us our Redeemer answer us. Answer us You who seeks us answer us. Answer us You who are glory and majesty answer us. Answer us You who are constant comfort answer us. Answer us You who are pure and upright answer us. Answer us You who are living and enduring answer us. Answer us You who are pure of eyes answer us. Answer us You who dwells in the heavens answer us. Answer us You who are mighty in strength answer us. Answer us You, the God that dislikes evil answer us. Answer us You the Supreme King of Kings answer us. Answer us You who are awesome and exalted answer us. Answer us You who upholds the falling answer us.

עֲנֵנוּ עוֹזֵר דַּלִּים ע״י העניות והדלות נתכפר עונותיו של האדם
עֲנֵנוּ. עֲנֵנוּ פּוֹדֶה וּמַצִּיל עֲנֵנוּ. עֲנֵנוּ צַדִּיק וּמַצְדִּיק
עֲנֵנוּ. עֲנֵנוּ קָרוֹב לְכָל יה + אדני קוֹרְאָיו
בֶּאֱמֶת אהיה פעמים אהיה = ז״פ ס״ג עֲנֵנוּ. עֲנֵנוּ רָם וְנִשָּׂא עֲנֵנוּ.
עֲנֵנוּ שׁוֹכֵן שְׁחָקִים עֲנֵנוּ. עֲנֵנוּ תּוֹמֵךְ תְּמִימִים עֲנֵנוּ:

עֲנֵנוּ אֱלֹהֵי מילוי ע״ב = דמב ; ילה אַבְרָהָם וז״פ אל (ייא״י מילוי דס״ג)
= רי״ו + ל״ב נתיבות החכמה = רמ״ח (אברים) = עסמ״ב + ט״ז אותיות פשוטות עֲנֵנוּ:
עֲנֵנוּ וּפַחַד יִצְחָק ד״פ ב״ן עֲנֵנוּ: עֲנֵנוּ אֲבִיר הרוז יַעֲקֹב
ז׳ הויות = יאהדונהי + אידהנויה עֲנֵנוּ: עֲנֵנוּ מָגֵן ג״פ אל (ייא״י מילוי דס״ג) ;
ר״ת מיכאל גבריאל נוריאל דָּוִד עֲנֵנוּ: עֲנֵנוּ הָעוֹנֶה בְּעֵת י׳ יהוה וי׳ אהיה
רָצוֹן ע״ב בריבוע + קס״א ע״ה = אל (ייא״י מילוי דס״ג) + שדי ע״ה = מהש ע״ה עֲנֵנוּ:
עֲנֵנוּ בְּעֵת צָרָה אלהים דההין עֲנֵנוּ: עֲנֵנוּ הָעוֹנֶה בְּעֵת
רַחֲמִים עֲנֵנוּ: עֲנֵנוּ אֱלֹהֵי מילוי ע״ב = דמב ; ילה הַמֶּרְכָּבָה
עֲנֵנוּ: עֲנֵנוּ אֱלָהָא דְּרַבִּי מֵאִיר עֲנֵנוּ: עֲנֵנוּ
בִּזְכוּתֵיהּ דְּבַר ראה יוֹחָאי עֲנֵנוּ: עֲנֵנוּ רַחוּם וְחַנּוּן עֲנֵנוּ:

Answer us You who assists the needy answer us. Answer us You who redeem and deliver answer us. Answer us You who are righteous and can vindicate answer us. Answer us You who are near to those who call on You in truth answer us. Answer us You who are most high and lofty answer us. Answer us You who dwells in the highest heavens answer us. Answer us You who upholds the just answer us.
Answer us God of Abraham answer us. Answer us Awe of Isaac answer us. Answer us Mighty One of Jacob answer us. Answer us Shield of David answer us. Answer us You who answers at an acceptable time answer us. Answer us You who answers in time of trouble answer us. Answer us You who answers in the hour of mercy answer us. Answer us God of the Celestial Chariot answer us. Answer us God of Rabbi Meir answer us. Anwer us for the merit of the son of Yochai answer us. Answer us Merciful and Gracious One.

Rachum Vechanun - רחום וחנון

These verses are laid out according to the order of the Aramaic alphabet. The Aramaic letters are the instruments that helped bring about the creation of the universe. Whenever a prayer is structured according to this alphabetic sequence, we are receiving the spiritual energy of Creation in our lives, which creates order out of chaos. It brings renewal and creative power to the areas in which we sincerely need them.

רַחוּם וְחַנּוּן חָטָאנוּ לְפָנֶיךָ ס״ג + מ״ה + ב״ן רַחֵם אברהם = וז״פ אל =
רי״ו + ל״ב נתיבות החכמה = רמ״ח (אברים) = עסמ״ב + ט״ז אותיות פשוטות עָלֵינוּ:
אֲדוֹן אני הַסְּלִיחוֹת. בּוֹחֵן לְבָבוֹת. גּוֹלֶה עֲמוּקוֹת.
דּוֹבֵר צְדָקוֹת. חָטָאנוּ לְפָנֶיךָ ס״ג + מ״ה + ב״ן רַחֵם אברהם =
וז״פ אל = רי״ו + ל״ב נתיבות החכמה = רמ״ח (אברים) = עסמ״ב + ט״ז אותיות פשוטות
עָלֵינוּ: הָדוּר בְּנִפְלָאוֹת. וָתִיק בְּנֶחָמוֹת. זוֹכֵר בְּרִית
אָבוֹת. חוֹקֵר כְּלָיוֹת. חלר״ע : טוֹב והו וּמֵטִיב לַבְּרִיּוֹת.
יוֹדֵעַ כָּל ילי נִסְתָּרוֹת. כּוֹבֵשׁ עֲוֹנוֹת. לוֹבֵשׁ צְדָקוֹת.
חלר״ע : מָלֵא זַכִּיּוֹת. נוֹרָא תְהִלּוֹת. סוֹלֵחַ עֲוֹנוֹת.
עוֹנֶה בְּעֵת צָרוֹת. חלר״ע : פּוֹעֵל יְשׁוּעוֹת.
צוֹפֶה עֲתִידוֹת. קוֹרֵא הַדּוֹרוֹת. רוֹכֵב עֲרָבוֹת.
שׁוֹמֵעַ תְּפִלּוֹת. תְּמִים דֵּעוֹת. חלר״ע : אֵל יא״י (מילוי דס״ג)
רַחוּם שְׁמֶךָ. אֵל יא״י (מילוי דס״ג) חַנּוּן שְׁמֶךָ. אֵל יא״י (מילוי
דס״ג) אֶרֶךְ אַפַּיִם שְׁמֶךָ. מָלֵא רַחֲמִים שְׁמֶךָ. בָּנוּ
נִקְרָא שְׁמֶךָ. יְהֹוָה יאהדונהי עֲשֵׂה לְמַעַן שְׁמֶךָ.

Merciful and gracious God we have sinned before You, have mercy on us. Master of forgiveness. Searcher of hearts. Discoverer of profundities. Speaker of righteousness. Glorious in wondrous works. Constant in comfort. Remembered of the covenant of the Patriarchs. Searcher of inner beings. Good and beneficent to all creatures. Knows all the secrets. Suppressor of iniquities. One clothed in righteousness. Full of purity. Revered in praises. Forgiver of iniquities. Answerer in time of troubles. Worker of salvation. Foreseer of the future. Caller of generations. Rider upon the heavens. Hearkener to prayers. Perfect in knowledge. Merciful God in Your name. Gracious God in Your name. God slow to anger is Your name. Full of compassion is Your name. We are called by Your name. Hashem act for the sake of Your name.

33
ASEH LeMA'AN - עשה למען

The verses in this connection flow according to the order of the Aramaic alphabet. Whenever a prayer is structured on this alphabetic sequence, we are receiving the spiritual energy of Creation. This energy creates order out of chaos. It brings renewal and creative power to the areas in which we sincerely need them.

עֲשֵׂה לְמַעַן שְׁמָךְ. עֲשֵׂה לְמַעַן אֲמִתָּךְ. עֲשֵׂה לְמַעַן

בְּרִיתָךְ. עֲשֵׂה לְמַעַן גָּדְלָךְ. עֲשֵׂה לְמַעַן דָּתָךְ.

עֲשֵׂה לְמַעַן הַהָדְרָךְ. עֲשֵׂה לְמַעַן וִיעוּדָךְ.

עֲשֵׂה לְמַעַן זִכְרָךְ. עֲשֵׂה לְמַעַן וְחַסְדָּךְ. עֲשֵׂה לְמַעַן

טוּבָךְ לאו . עֲשֵׂה לְמַעַן יָשְׁרָךְ. עֲשֵׂה לְמַעַן

כְּבוֹדָךְ לכב, ב"ן . עֲשֵׂה לְמַעַן לִמּוּדָךְ.

עֲשֵׂה לְמַעַן מַלְכוּתָךְ. עֲשֵׂה לְמַעַן נִצְחָךְ.

עֲשֵׂה לְמַעַן סוֹדָךְ סוד = מיכ, י"פ האא . עֲשֵׂה לְמַעַן עֻזָּךְ.

עֲשֵׂה לְמַעַן פְּאֵרָךְ. עֲשֵׂה לְמַעַן צִדְקָתָךְ.

עֲשֵׂה לְמַעַן קְדֻשָּׁתָךְ. עֲשֵׂה לְמַעַן רַחֲמָנוּתָךְ.

עֲשֵׂה לְמַעַן שְׁכִינָתָךְ. עֲשֵׂה לְמַעַן תּוֹרָתָךְ.

Act (in our favor) for the sake of Your name. For the sake of Your truth. For the sake of Your covenant. For the sake of Your greatness. For the sake of Your law. For the sake of Your majesty. For the sake of Your assembly. For the sake of Your remembrance. For the sake of Your loving kindness. For the sake of Your goodness. For the sake of Your uprighness. For the sake of Your honor. For the sake of Your teaching. For the sake of Your kingdom. For the sake of Your eternity. For the sake of Your counsel. For the sake of Your might. For the sake of Your glory. For the sake of Your holiness. For the sake of Your quality of mercy. For the sake of Your Shechinah. For the sake of Your Torah.

ASEH LEMA'AN - עשה למען

In this prayer, we are asking the Creator to help us through the merit of Abraham. The spiritual significance of this verse is about our own humility. We should arouse the feeling that we do not deserve the tremendous Light of the Creator, but that we want to receive this Light on the merit of the great spiritual giants of our past. By performing both prayers with a sense of humility, we are lowering our ego, thereby paving the way for the power of the Aramaic letters to bring genuine order into our lives. Our ego is the only potential roadblock that can prevent this Light from flowing into our lives.

עֲשֵׂה לְמַעַן אַבְרָהָם ו״פ אל (ייא״ מילוי דס״ג) = רי״ו + ל״ב נתיבות החכמה = רמ״ח (אברים) = עסמ״ב + ט״ז אותיות פשוטות יִצְחָק ד״פ ב״ן וְיַעֲקֹב ז׳ הויות = יאהדונהי + אידהנויה • עֲשֵׂה לְמַעַן מֹשֶׁה מהש = ע״ב בריבוע + קס״א = אל (ייא״ מילוי דס״ג) + שדי = ד״פ אלהים ע״ה וְאַהֲרֹן. עֲשֵׂה לְמַעַן יוֹסֵף ציון, קנאה, ו׳ הויות דָּוִד וּשְׁלֹמֹה. עֲשֵׂה לְמַעַן יְרוּשָׁלַיִם עִיר ערי, סנדלפון, סנדלפון הַקֹּדֶשׁ. עֲשֵׂה לְמַעַן צִיּוֹן יוסף, ו׳ הויות, קנאה מִשְׁכַּן כְּבוֹדֶךָ לכב, ב״ן • עֲשֵׂה לְמַעַן חָרְבַּן בֵּיתֶךָ ב״פ ראה • עֲשֵׂה לְמַעַן שִׁמְמוֹת הֵיכָלֶךָ. עֲשֵׂה לְמַעַן יִשְׂרָאֵל הָעֲנִיִּים עין = ריבוע מ״ה • עֲשֵׂה לְמַעַן יִשְׂרָאֵל הַדַּלִּים ע״י העניות והדלות נתכפר עונותיו של האדם• עֲשֵׂה לְמַעַן יִשְׂרָאֵל הַשְּׁרוּיִים בְּצָרוֹת. עֲשֵׂה לְמַעַן יְתוֹמִים וְאַלְמָנוֹת. עֲשֵׂה לְמַעַן יוֹנְקֵי שָׁדַיִם. עֲשֵׂה לְמַעַן גְּמוּלֵי חָלָב. עֲשֵׂה לְמַעַן תִּינוֹקוֹת שֶׁל בֵּית ב״פ ראה רַבָּן שֶׁלֹּא חָטְאוּ.

Act (in our favor) for the sake of Abraham, Isaac and Jacob. For the sake of Moses and Aaron. For the sake of Joseph, David and Solomon. For the sake of Jerusalem, the holy city. For the sake of Zion, the dwelling place of Your glory. For the sake of Your destroyed Temple. For the sake of Israel, the needy ones. For the sake of orphans and widows. For the sake of nursing babies. For the sake of those weaned from milk. For the sake of young school children who have not sinned.

עֲשֵׂה לְמַעַנְךָ אִם יוהך = מ"א אותיות דפשוט, דמילוי ודמילוי דמילוי דאהיה ע"ה לֹא לְמַעֲנֵנוּ. עֲשֵׂה לְמַעַנְךָ וְהוֹשִׁיעֵנוּ. הוֹשִׁיעֵנוּ וַעֲנֵנוּ הַיּוֹם ע"ה = נגד = אל (יי"א" מילוי דס"ג) + יהוה = מזבח, זן וּבְכָל לכב, ב"ן יוֹם ע"ה = נגד = אל (יי"א" מילוי דס"ג) + יהוה = מזבח, זן וָיוֹם ע"ה = נגד = אל (יי"א" מילוי דס"ג) + יהוה = מזבח, זן בִּתְפִלָּתֵנוּ כִּי תְהִלָּתֵנוּ אַתָּה:

דְעָנֵי עין = ריבוע מ"ה לַעֲנִיֵּי עין = ריבוע מ"ה • עֲנֵינָן עין = ריבוע מ"ה : דְעָנֵי עין = ריבוע מ"ה לַעֲשִׁיקֵי. עֲנֵינָן עין = ריבוע מ"ה : דְעָנֵי עין = ריבוע מ"ה לִתְבִירֵי לִבָּא. עֲנֵינָן עין = ריבוע מ"ה : דְעָנֵי עין = ריבוע מ"ה לְשִׁפְלֵי דַעְתָּא. עֲנֵינָן עין = ריבוע מ"ה : דְעָנֵי עין = ריבוע מ"ה לְמַכִּיכֵי רוּחָא. עֲנֵינָן עין = ריבוע מ"ה : דְעָנֵי עין = ריבוע מ"ה לְאַבְרָהָם וח"פ אל (יי"א" מילוי דס"ג) = רי"ו + ל"ב נתיבות החכמה = רמ"ח (אברים) = עסמ"ב + ט"ז אותיות פשוטות אָבִינוּ בְּהַר הַמּוֹרִיָּה. עֲנֵינָן עין = ריבוע מ"ה : דְעָנֵי עין = ריבוע מ"ה לְיִצְחָק ד"פ ב"ן עַל גַּבֵּי מַדְבְּחָא. עֲנֵינָן עין = ריבוע מ"ה : דְעָנֵי עין = ריבוע מ"ה לְיַעֲקֹב בְּבֵית ב"פ ראה אֵל יי"א" (מילוי דס"ג) • ז' הויות = יאהדונהי + אידהנויה בְּבֵית ב"פ ראה אֵל יי"א" (מילוי דס"ג) • עֲנֵינָן עין = ריבוע מ"ה : דְעָנֵי עין = ריבוע מ"ה לְיוֹסֵף ציון, קנאה, ו' הויות בְּבֵית ב"פ ראה אֲסִירֵי. עֲנֵינָן עין = ריבוע מ"ה : דְעָנֵי עין = ריבוע מ"ה לְמֹשֶׁה מהש = ע"ב בריבוע + קס"א = אל (יי"א" מילוי דס"ג) + ש"די = ד"פ אלהים ע"ה וַאֲבוֹתֵינוּ עַל יַם ילי סוּף. עֲנֵינָן עין = ריבוע מ"ה :

Act for Your sake if not for ours. Act for Your sake and save us. Save us and answer us today and every day when we pray, for You are our praise.

O You who answers the poor, answer us. O You who answers the persecuted, answer us. O You who answers the brokenhearted, answer us. O You who answers the humble, answer us. O You who answers those of lowly spirit, answer us. O You who answered our Patriarch Abraham at Mount Moriah, answer us. O You who answered Isaac atop the altar, answer us. O You who answered Jacob at Bet El, answer us. O You who answered Moses and our forefathers at the Red Sea, answer us.

דְּעָנֵי עין = ריבוע מ"ה לְאַהֲרֹן בְּמַחְתָּא. עֲנֵינָן עין = ריבוע מ"ה :

דְּעָנֵי עין = ריבוע מ"ה לְפִינְחָס בְּשִׁטִּים. עֲנֵינָן עין = ריבוע מ"ה :

דְּעָנֵי עין = ריבוע מ"ה לִיהוֹשֻׁעַ בְּגִלְגָּל. עֲנֵינָן עין = ריבוע מ"ה :

דְּעָנֵי עין = ריבוע מ"ה לְעֵלִי בְּרָמָה. עֲנֵינָן עין = ריבוע מ"ה :

דְּעָנֵי עין = ריבוע מ"ה לִשְׁמוּאֵל בְּמִצְפָּה. עֲנֵינָן עין = ריבוע מ"ה :

דְּעָנֵי עין = ריבוע מ"ה לְדָוִד וְלִשְׁלֹמֹה בְּנוֹ בִּירוּשְׁלֵם. עֲנֵינָן

עין = ריבוע מ"ה : דְּעָנֵי עין = ריבוע מ"ה לְאֵלִיָּהוּ בְּהַר הַכַּרְמֶל.

עֲנֵינָן עין = ריבוע מ"ה : דְּעָנֵי עין = ריבוע מ"ה לֶאֱלִישָׁע בִּירִיחוֹ.

עֲנֵינָן עין = ריבוע מ"ה : דְּעָנֵי עין = ריבוע מ"ה לְחִזְקִיָּהוּ בַּחֲלוֹתוֹ.

עֲנֵינָן עין = ריבוע מ"ה: דְּעָנֵי עין = ריבוע מ"ה לְיוֹנָה בִּמְעֵי הַדָּגָה.

עֲנֵינָן עין = ריבוע מ"ה: דְּעָנֵי עין = ריבוע מ"ה לַחֲנַנְיָה מִישָׁאֵל

וַעֲזַרְיָה בְּגוֹ אַתּוּן נוּרָא יָקִדְתָּא. עֲנֵינָן עין = ריבוע מ"ה:

דְּעָנֵי עין = ריבוע מ"ה לְדָנִיֵּאל בְּגֻבָּא דְּאַרְיָוָתָא. עֲנֵינָן עין =

ריבוע מ"ה : דְּעָנֵי עין = ריבוע מ"ה לְמָרְדְּכַי וְאֶסְתֵּר עם האותיות =

אלף דלת נון יוד בְּשׁוּשַׁן הַבִּירָה. עֲנֵינָן עין = ריבוע מ"ה :

דְּעָנֵי עין = ריבוע מ"ה לְעֶזְרָא בְּגוֹלָה. עֲנֵינָן עין = ריבוע מ"ה :

דְּעָנֵי עין = ריבוע מ"ה לְחוֹנִי בְּמַעְגָּל. עֲנֵינָן עין = ריבוע מ"ה :

דְּעָנֵי עין = ריבוע מ"ה לְצַדִּיקֵי וַחֲסִידֵי וְתְמִימֵי דִי

בְּכָל לכב, ב"ן דָּר וְדָר רי"ו . עֲנֵינָן עין = ריבוע מ"ה :

O You who answered Aaron with the fire-pan, answer us. O You who answered Pinchas at Shittim, answer us. O You who answered Joshua at Gilgal, answer us. O You who answered Eli at Ramah, answer us. O You who answered Shmuel at Mishpah, answer us. O You who answered David and Shlomo, his son, in Jerusalem, answer us. O You who answered Eliyahu at Mount Carmel, answer us. O You who answered Elisha and Jericho, answer us. O You who answered Hiskiyahu when he took ill, answer us. O You who answered Jonah in the belly of the big fish, answer us. O You who answered Hananya, Mishael and Azaryah in the fiery furnace, answer us. O You who answered Daniel in the lion's den, answer us. O You who answered Mordechai and Esther at the palace in Shushan, answer us. O You who answered Ezra in exile, answer us. O You who answered Choni in his circle, answer us. O You who answered the righteous, pious and perfect ones of each generation, answer us.

ATANU LECHALOT - אתאנו לחלות

Here we face our negativity — another step we need to take in order to remove our negativity. If we cover it and do not put it out in the open for the Light to see, we will never be able to remove it.

אָתָאנוּ לְחַלּוֹת פָּנֶיךָ ס״ג - מ״ה - ב״ן • כִּי חֶסֶד ע״ב = ריבוע יהוה

וֶאֱמֶת אהיה פעמים אהיה = ז״פ ס״ג יְקַדְּמוּ פָנֶיךָ ס״ג - מ״ה - ב״ן •

נָא אַל תְּבִישֵׁנוּ. נָא אַל תְּשִׁיבֵנוּ רֵיקָם

מִלְּפָנֶיךָ ס״ג - מ״ה - ב״ן • סְלַח יהוה - ע״ב לָנוּ אלהים = אהיה - אדני •

וּשְׁלַח לָנוּ אלהים = אהיה - אדני • יְשׁוּעָה וְרַחֲמִים מִמְּעוֹנֶךָ:

אָתָאנוּ לְבַקֵּשׁ מִמְּךָ כַּפָּרָה. אָיֹם וְנוֹרָא. מִשְׂגָּב

משה = ע״ב בריבוע - קס״א = אל (יא״י מילוי דס״ג) - שדי ד״פ אלהים ע״ה = מהש

לְעִתּוֹת בַּצָּרָה אלהים דההין • תְּחַיֵּינוּ. תְּחָנֵּנוּ. וּבְשִׁמְךָ

נִקְרָא. סְלַח יהוה - ע״ב לָנוּ אלהים = אהיה - אדני •

וּשְׁלַח לָנוּ אלהים = אהיה - אדני • יְשׁוּעָה וְרַחֲמִים מִמְּעוֹנֶךָ:

We have come to pray before You, for kindness and truth go before You; please do not bring us to shame; please do not turn us away empty—handed from before You. Forgive us and send us salvation and compassion from Your dwelling place. We have come to ask absolution from You, O feared and awesome One, strength in times of distress. Give us life, grant us grace, and we shall call out in Your Name. Forgive us and send us salvation and compassion from Your dwelling place.

Marana DeVishmaya - מרנא דבשמיא

This section in Aramaic helps us understand that there are three levels of connection that we make with the Light of the Creator: (1) father and son, (2) servant and his master, and (3) prisoner with his capturer. The highest level to attain is that of father and son.

מָרָנָא דְבִשְׁמַיָּא. לָךְ מִתְחַנְּנָן כְּעַבְדָּא
דְּמִתְחַנֵּן לְמָארֵהּ. הַב לָן לִבָּא לְתְיוּבְתָּא.
וְלָא נֶהְדַּר רֵיקָם מִן קֳדָמָךְ:

מָרָנָא דְבִשְׁמַיָּא. לָךְ מִתְחַנְּנָן כְּבַר שִׁבְיָא דְּמִתְחַנֵּן
לְמָארֵהּ. כֻּלְּהוֹן בְּנֵי שִׁבְיָא בְּכַסְפָּא מִתְפָּרְקִין.
וְעַמָּךְ בֵּית ב״פ ראה יִשְׂרָאֵל בִּצְלוֹתִין וּבְתַחֲנוּנִין.
אָרֵם יְמִינָךְ וְאַצְמַח פֻּרְקָנָךְ. סִבְרָא דְחַיַּיָּא וּמֵתַיָּא.

מִתְרַצֶּה בְּרַחֲמִים מצפצ = אלהים דיודין = י״פ ייי •
וּמִתְפַּיֵּס בְּתַחֲנוּנִים. הִתְרַצֶּה וְהִתְפַּיֵּס. לְעַם עלם
עָנִי עין = ריבוע מ״ה וּמְדֻלְדָּל. פָּרוֹקָנָא דְמֵעָלְמָא מְשֵׁזְבָנָא
דְמִלְקַדְמִין. פְּרוֹק יַעֲקֹב ז׳ הויות = יאהדונהי + אידהנויה
מֵאַרְעָא רְחִיקָא. וְאַסִּיק זַרְעֵהּ מֵאַרְעָא דְשִׁבְיָא:

מָחֵי וּמַסֵּי. מֵמִית וּמְחַיֵּי. מַסִּיק מִן שְׁאוֹל לְחַיֵּי
עָלְמָא: בְּרָא קנ״א + ב״ן = יהוה + אלהים + יהוה + אדני = מילוי קס״א + ס״ג
= מ״ה ברבוע + ע״ב ע״ה כַּד חָטֵי. אֲבוּהִי לָקְיֵהּ. אֲבוּהִי
דְּחַיֵּיס. אַסֵּי לִכְאֵבֵהּ: עַבְדָּא דְמָרִיד. וְנָפִיק בְּקוֹלָר.

Our Master who is in the heavens, to You do we plead as a servant who pleads to his master; grant us our hearts to repent and let us not return empty—handed from before You. Our Master who is in the heavens, to You do we plead as a captive who pleads to his capturer; all captives are ransomed for money, while Your people, the House of Israel, with prayers and with supplications. Raise up Your right hand and cause Your redemption to sprout, You who are the hope of the living and the dead. O You who are reconciled with pleas for mercy and appeased with supplications, be reconciled and be appeased to a poor and impoverished people. Our redeemer from time immemorial, our rescuer from yore, redeem Jacob from a distant land and bring up his offspring from the land of captivity. O You who smites and heals, who kills and who brings to life, who brings up from the abyss to eternal life: a son when he sins-his father will hit him; a father being merciful, heals his wound. A servant who rebels and is going out in executioner's chains,

לְמָארֵהּ תָּאִיב. יִתְבַּר קוֹלָרֵהּ. בְּרָךְ בֻּכְרָךְ אֲנָן.
וְחַטֵּינָן קֳדָמָךְ. הָא רְוָיָא נַפְשִׁין. בְּגִידִין וּמְרָרִין:
הָא עַבְדָּךְ פוי = אל (יי"א מילוי דס"ג) + אדני אֲנָן. וּמְרַדְנָן קֳדָמָךְ.
הָא בְּבִזְתָא וְשִׁבְיָא. וְהָא בְּמַלְקְיוּתָא: בְּבָעוּ מִנָּךְ.
בְּמָטוּ מִנָּךְ. בְּרַחֲמָךְ דְּנַפִּישִׁין. אַסֵּי לִכְאֵבִין.
דְּאִתְקָפוּ עֲלָן. עַד דְּלָא נֶהֱוֵי. גְּמִירָא בְּשִׁבְיָא:

מַחֵי וּמַסֵּי. מֵמִית וּמְחַיֵּי. מַסִּיק מִן שְׁאוֹל לְחַיֵּי
עָלְמָא: רַחֲמִים פְּשׁוּטִים וְחַיִּים אהיה + אהיה + יהוה = בינה ע"ה
טוֹבִים בִּקַּשְׁנוּ וְשָׁאַלְנוּ מִמָּךְ. כִּי רַבִּים רַחֲמִים
וּמָקוֹר וְחַיִּים אהיה + אהיה + יהוה = בינה ע"ה עִמָּךְ. צְדָקָה וָחֶסֶד
עֲשֵׂה עִמָּנוּ ריבוע דס"ג = קס"א ע"ה וד' אותיות לְמַעַן שְׁמֶךָ. אָנָּא
יְהֹוָאדהנויה אֱלֹהֵינוּ ילה. הָסֵר מִמֶּנּוּ וּמִבָּתֵּינוּ וּמִבָּתֵּי
עַמְּךָ בֵּית ב"פ ראה יִשְׂרָאֵל בְּכָל לכב, ב"ן מָקוֹם שֶׁהֵם.
דֶּבֶר. וְחֶרֶב. וְרָעָה. וְרָעָב. וּשְׁבִי. וּבִזָּה. וּמַשְׁחִית.
וּמַגֵּפָה. וְשָׂטָן. וְיֵצֶר הָרָע. וְחָלָאִים רָעִים. וְצַר מֵעַמְּךָ:

should his master desire that he break his chains? We are Your firstborn son and we have sinned before You; our souls have been sated with wormwood and bitter herbs. Behold we are Your servants and we have rebelled against You; behold, some of us have been punished with plunder and captivity and behold some of us have been punished with lashes. We ask of You, we beg of You, in Your abundant mercy, take pity on our souls, heal the wounds that have overpowered us, lest we become decimated in captivity. O You who smites and heals, who kills and who brings to life, who brings up from the abyss to eternal life. Simple mercy have we requested of You, for abundant mercy is with You. Deal with us with righteousness and kindness for Your Name's sake. Please, Lord, our God, remove from us and our households and from the households of all Your people, the House of Israel, in every place they might be: pestilence, sword, evil, famine, captivity, pillage, ruin, plague, the accuser, the evil inclination, terrible diseases, and an oppressor-from us and from all Your people.

Shomer Yisrael - שומר ישראל

Shomer Yisrael connects to the highest level of father and son. The way we achieve this is by removing all our negativity. We activate the power of protection of the Creator. We are meant to fall and make mistakes. When we are in the process of transformation and spiritual growth, we will not suffer from our mistakes.

שׁוֹמֵר כ"א הויות שבתפילין יִשְׂרָאֵל. שְׁמוֹר שְׁאֵרִית
יִשְׂרָאֵל. וְאַל יֹאבַד יִשְׂרָאֵל. הָאוֹמְרִים בְּכָל לכב, ב"ן
יוֹם ע"ה = נגד = אל (ייא" מילוי דס"ג) + יהוה = מזבח, זן • שְׁמַע יִשְׂרָאֵל:

שׁוֹמֵר כ"א הויות שבתפילין גּוֹי אֶחָד אהבה, דאגה •
שְׁמוֹר שְׁאֵרִית גּוֹי אֶחָד אהבה, דאגה • וְאַל יֹאבַד
גּוֹי אֶחָד אהבה, דאגה• הָאוֹמְרִים בְּכָל לכב, ב"ן
יוֹם ע"ה = נגד = אל (ייא" מילוי דס"ג) + יהוה = מזבח, זן שְׁמַע יִשְׂרָאֵל
יְהֹוָואדהנויאהדונהי אֱלֹהֵינוּ ילה יְהֹוָואדהנויאהדונהי אֶחָד אהבה, דאגה:

Gaurdian of Israel: guard the remnant of Israel, don't let Israel be destroyed—those who say every day, "Hear O Israel ..." O Guardian of the one nation, protect the remnant of the one nation, let not the nation be destroyed for those who proclaim the Oneness of Your name everyday. Hear O Israel, the Lord our God, the Lord is One.

שׁוֹמֵר כ״א הויות שבתפילין גּוֹי קָדוֹשׁ. שְׁמֹר שְׁאֵרִית גּוֹי קָדוֹשׁ. וְאַל יֹאבַד גּוֹי קָדוֹשׁ. הָאוֹמְרִים בְּכָל לככב, ב״ן יוֹם ע״ה = נגד = אל (יא״י מילוי דס״ג) + יהוה = מזבח, זן • קָדוֹשׁ. קָדוֹשׁ. קָדוֹשׁ:

שׁוֹמֵר כ״א הויות שבתפילין גּוֹי רַבָּא קנ״א + ב״ן = יהוה + אלהים + יהוה + אדני = מילוי קס״א + ס״ג = מ״ה ברבוע + ע״ב ע״ה • שְׁמֹר שְׁאֵרִית גּוֹי רַבָּא קנ״א + ב״ן = יהוה + אלהים + יהוה + אדני = מילוי קס״א + ס״ג = מ״ה ברבוע + ע״ב ע״ה • וְאַל יֹאבַד גּוֹי רַבָּא קנ״א + ב״ן = יהוה + אלהים + יהוה + אדני = מילוי קס״א + ס״ג = מ״ה ברבוע + ע״ב ע״ה • הָאוֹמְרִים בְּכָל לככב, ב״ן יוֹם ע״ה = נגד = אל (יא״י מילוי דס״ג) + יהוה = מזבח, זן • אָמֵן אידהנויה יְהֵא שְׁמֵיהּ רַבָּא קנ״א + ב״ן = יהוה + אלהים + יהוה + אדני = מילוי קס״א + ס״ג = מ״ה ברבוע + ע״ב ע״ה:

O Guardian of the holy nation, protect the nemnant of the holy people; let not the holy nation be destroyed for those who proclaim the Oneness of Your name every day. Holy, Holy, Holy. O Guardian of the blessed nation, protect the remnant of the blessed nation, let not the nation be destroyed for those who proclaim the Oneness of Your name every day. May Your great name be blessed.

שַׁוְעָתֵנוּ קַבֵּל. וּשְׁמַע צַעֲקָתֵנוּ. יוֹדֵעַ תַּעֲלוּמוֹת:

שקוצית

Accept our cry and hear our wail, You that knows all that is hidden.

קדיש (ב"פ אור = ב"פ רז, וכן ב"פ אין סוף) תתקבל - *KADDISH TITKABAL*

יתגדל ויתקדש שדי + ין לת וד (מילוי שדי) ; י"א אותיות כמנין ו"ה

שמיה (שם י"ה) **רבא** קנ"א+ב"ן=יהוה+אלהים+יהוה+אדני=מילוי קס"א+ס"ג = מ"ה ברבוע + ע"ב ע"ה ; ר"ת = ו"פ אלהים ; ס"ת = ג"פ יב"ק ◆ **אמן** אידהנויה.

בעלמא די ברא כרעותיה. וימליך מלכותיה. ויצמח פורקניה. ויקרב משיחיה. אמן אידהנויה. **בחייכון וביומיכון ובחיי דכל בית** ב"פ ראה **ישראל בעגלא ובזמן קריב ואמרו אמן. אמן** אידהנויה.

קהל וש"ץ עונים ואומרים (בסוד כל העונה אמן יהא שמיה רבא מברך וגו' בכל כוחו [בכל כ"ח אותיות ותיבות שבו] קורעין לו גזר דינו - שבת קי"ט, ע"ב):

יהא שמיה (שם י"ה) **רבא**

קנ"א + ב"ן = יהוה + אלהים + יהוה + אדני = מילוי קס"א + ס"ג = מ"ה ברבוע + ע"ב ע"ה

מברך, לעלם לעלמי עלמיא. יתברך.

ז' תיבות בנות ש"ע אותיות (שם בן מ"ב) ועוד - ז' ווין (שם בן מ"ב)

וישתבח.	**ויתפאר.**	**ויתרומם.**	**ויתנשא.**
יהוה אל י"פ ע"ב	הי נו יה	וה כוזו	במוכסז (לפי האריז"ל שם זה ממונה על תחיית המתים)
אבג יתץ	קרע שטן	נגד יכש	בטר צתג

ויתהדר.	**ויתעלה.**	**ויתהלל.**
כוזו יה	וה יוד ה	א ואו הא
חקב טנע	יגל פזק	שקו צית

שמיה (שם י"ה) **דקודשא בריך הוא. אמן** אידהנויה.

May His great Name be more exalted and sanctified. (Amen) In the world that He created according to His will, and may His kingdom reign. And may He cause His redemption to sprout and may He bring the Messiah closer. (Amen) In your lifetimes and in your days and in the lifetime of all the House of Israel, speedily and in the near future, and you shall say, Amen. May His great Name be blessed forever and for all eternity. Blessed and lauded, and glorified, and exalted, and extolled, and honored, and uplifted, and praised be the Name of the Holy Blessed One. (Amen)

לְעֵלָּא מִן כָּל ילי בִּרְכָתָא. שִׁירָתָא. תֻּשְׁבְּחָתָא וְנֶחָמָתָא. דַּאֲמִירָן בְּעָלְמָא וְאִמְרוּ אָמֵן: אָמֵן אידהנויה.

תִּתְקַבַּל צְלוֹתָנָא וּבָעוּתָנָא עִם צְלוֹתְהוֹן וּבָעוּתְהוֹן דְּכָל בֵּית ב״פ ראה יִשְׂרָאֵל קֳדָם אֲבוּנָא דְּבִשְׁמַיָּא וְאִמְרוּ אָמֵן: אָמֵן אידהנויה.

יְהֵא שְׁלָמָא רַבָּא קנ״א ‑ ב״ן = יהוה ‑ אלהים ‑ יהוה ‑ אדני = מִן שְׁמַיָּא. מילוי קס״א ‑ ס״ג = מ״ה ברבוע ‑ ע״ב ע״ה

חַיִּים אהיה ‑ אהיה ‑ יהוה = בינה ע״ה וְשָׂבָע וִישׁוּעָה וְנֶחָמָה וְשֵׁיזָבָא וּרְפוּאָה וּגְאֻלָּה וּסְלִיחָה וְכַפָּרָה וְרֵיוַח וְהַצָּלָה. לָנוּ אלהים = אהיה ‑ אדני וּלְכָל יה ‑ אדני עַמּוֹ יִשְׂרָאֵל וְאִמְרוּ אָמֵן: אָמֵן אידהנויה.

יפסע שלוש פסיעות אחורנית ויאמר (Take three steps backwards and say):

[1]עוֹשֶׂה שָׁלוֹם בִּמְרוֹמָיו ע״ב = ריבוע יהוה . הוּא בְּרַחֲמָיו יַעֲשֶׂה שָׁלוֹם עָלֵינוּ ר״ת ש״ע נהורין. וְעַל כָּל ילי ; על כל = עמם עַמּוֹ יִשְׂרָאֵל וְאִמְרוּ אָמֵן: אָמֵן אידהנויה.

Above all blessings, songs, praises, and words of consolation that may be said in the world, and you shall say, Amen. (Amen) May our prayers and pleas be accepted, together with the prayers and pleas of the entire House of Israel, before our Father who lives in heavens, and you say, Amen. (Amen) May there be abundant peace from heaven. Life, contentment, salvation, consolation, deliverance, healing, redemption, pardon, atonement, comfort, and relief for us and for His entire nation, Israel, and you shall say, Amen. (Amen) He, Who makes peace in His high places, With His compassion He shall make peace for us and for His entire nation, Israel. And you shall say, Amen. (Amen).

---

1) איוב כ״ה, ב׳.

Shir HaMa'alot - שיר המעלות

We recite these eight verses to help us penetrate to the depths of our soul. Just as there are ten *Sfirot* in our universe, so does the soul have ten levels or depths. According to Kabbalah, each time we draw negativity through our reactive behavior, our soul is captured by the *klipot* and descends into a lower, more limited level where it experiences a disconnection from the Light. *Shir Hama'alot* is our tool to elevate these aspects of our soul and reconnect them to the Light, no matter how deep they have fallen.

בינה — [4]שִׁיר הַמַּעֲלוֹת מִמַּעֲמַקִּים (עומק הוא גבורה, מטעם שעומק עולה למנין ר"ו וכן למנין גבורה) קְרָאתִיךָ יְהֹוָהאדניאהדונהי:

חסד — אֲדֹנָי שִׁמְעָה בְקוֹלִי תִּהְיֶינָה אָזְנֶיךָ אזן = יוד הי ואו הה קַשֻּׁבוֹת לְקוֹל תַּחֲנוּנָי:

גבורה — אִם יוהך = מ"א אותיות דפשוט, דמילוי ודמילוי דמילוי דאהיה ע"ה עֲוֹנוֹת תִּשְׁמָר־יָהּ אֲדֹנָי מִי ילי יַעֲמֹד:

תפארת — כִּי - עִמְּךָ הַסְּלִיחָה לְמַעַן תִּוָּרֵא:

נצח — קִוִּיתִי יְהֹוָהאדניאהדונהי קִוְּתָה נַפְשִׁי וְלִדְבָרוֹ הוֹחָלְתִּי:

הוד — נַפְשִׁי לַאדֹנָי מִשֹּׁמְרִים לַבֹּקֶר שֹׁמְרִים לַבֹּקֶר:

יסוד — יַחֵל יִשְׂרָאֵל אֶל־יְהֹוָהאדניאהדונהי כִּי־עִם־יְהֹוָהאדניאהדונהי הַחֶסֶד ע"ב = ריבוע יהוה (י יה יהו יהוה) וְהַרְבֵּה עִמּוֹ פְדוּת:

מלכות — וְהוּא יִפְדֶּה אֶת־יִשְׂרָאֵל מִכֹּל עֲוֹנֹתָיו:

A psalm: From the depths I have called to You, Lord. Lord! Listen to my voice; let Your ears be attentive to the sound of my pleas. If You were to keep an accounting of sins, O God, Lord, you could survive? For forgiveness is solely with You so that You may be feared. I place my hope in God—my soul places its hope and I await His word. My soul yearns for God among those who long from the dawn, those who long for the dawn. Isreal, places hope in God for only with God is there genuine kindness, and with Him there abounds redemption. And He will redeem Israel from all it's sins.

קדיש (ב"פ אור = ב"פ רז, וכן ב"פ אין סוף) **יהא שלמא - *KADDISH***

יִתְגַּדַּל וְיִתְקַדַּשׁ שדי + ין לת וד (מילוי שדי) ; י"א אותיות כמנין ו"ה

שְׁמֵיהּ (שם י"ה) **רַבָּא** קנ"א+ב"ן=יהוה+אלהים+יהוה+אדני=מילוי קס"א+ס"ג = מ"ה ברבוע + ע"ב ע"ה ; ר"ת = ו"פ אלהים ; ס"ת = ג"פ יב"ק • **אָמֵן** אידהנויה.

בְּעָלְמָא דִּי בְרָא כִרְעוּתֵיהּ. וְיַמְלִיךְ מַלְכוּתֵיהּ. וְיַצְמַח פּוּרְקָנֵיהּ. וִיקָרֵב מְשִׁיחֵיהּ. אָמֵן אידהנויה.

בְּחַיֵּיכוֹן וּבְיוֹמֵיכוֹן וּבְחַיֵּי דְכָל בֵּית ב"פ ראה **יִשְׂרָאֵל בַּעֲגָלָא וּבִזְמַן קָרִיב וְאִמְרוּ אָמֵן. אָמֵן** אידהנויה.

קהל וש"ץ עונים ואומרים (בסוד כל העונה אמן יהא שמיה רבא מברך וגו' בכל כוחו [בכל כ"ח אותיות ותיבות שבו] קורעין לו גזר דינו - שבת קי"ט, ע"ב):

יְהֵא שְׁמֵיהּ (שם י"ה) **רַבָּא**

קנ"א + ב"ן = יהוה + אלהים + יהוה + אדני = מילוי קס"א + ס"ג = מ"ה ברבוע + ע"ב ע"ה

מְבָרַךְ, לְעָלַם לְעָלְמֵי עָלְמַיָּא. יִתְבָּרַךְ.

ז' תיבות בנות שש אותיות (שם בן מ"ב) ועוד - ז' ווין (שם בן מ"ב)

וְיִשְׁתַּבַּח. יהוה אל י"פ ע"ב אבג יתץ

וְיִתְפָּאַר. הי נו יה קרע שטן

וְיִתְרוֹמַם. וה כוזו נגד יכש

וְיִתְנַשֵּׂא. במוכסז (לפי האריז"ל שם זה ממונה על תחיית המתים) בטר צתג

וְיִתְהַדָּר. כוזו יה חקב טנע

וְיִתְעַלֶּה. וה יוד ה יגל פזק

וְיִתְהַלָּל. א ואו הא שקו צית

שְׁמֵיהּ (שם י"ה) **דְּקוּדְשָׁא בְּרִיךְ הוּא. אָמֵן** אידהנויה.

May His great Name be more exalted and sanctified. (Amen) In the world that He created according to His will, and may His kingdom reign. And may He cause His redemption to sprout and may He bring the Messiah closer. (Amen) In your lifetimes and in your days and in the lifetime of all the House of Israel, speedily and in the near future, and you shall say, Amen. May His great Name be blessed forever and for all eternity. Blessed and lauded, and glorified, and exalted, and extolled, and honored, and uplifted, and praised be the Name of the Holy Blessed One. (Amen)

לְעֵלָּא מִן כָּל ילי בִּרְכָתָא. שִׁירָתָא. תֻּשְׁבְּחָתָא וְנֶחָמָתָא. דַּאֲמִירָן בְּעָלְמָא וְאִמְרוּ אָמֵן: אָמֵן אידהנויה.

יְהֵא שְׁלָמָא רַבָּא קנ"א ✚ ב"ן = יהוה ✚ אלהים ✚ יהוה ✚ אדני = מילוי קס"א ✚ ס"ג = מ"ה ברבוע ✚ ע"ב ע"ה מִן שְׁמַיָּא. וְחַיִּים אהיה ✚ אהיה ✚ יהוה = בינה ע"ה וְשָׂבָע וִישׁוּעָה וְנֶחָמָה וְשֵׁיזָבָא וּרְפוּאָה וּגְאֻלָּה וּסְלִיחָה וְכַפָּרָה וְרֵיוַח וְהַצָּלָה. לָנוּ אלהים = אהיה ✚ אדני וּלְכָל יה ✚ אדני עַמּוֹ יִשְׂרָאֵל וְאִמְרוּ אָמֵן: אָמֵן אידהנויה.

יפסע שלוש פסיעות אחורנית ויאמר (Take three steps backwards and say):

[1]עוֹשֶׂה שָׁלוֹם בִּמְרוֹמָיו ע"ב = ריבוע יהוה. הוּא בְּרַחֲמָיו יַעֲשֶׂה שָׁלוֹם עָלֵינוּ ר"ת ש"ע נהורין. וְעַל כָּל ילי; על כל = עמם עַמּוֹ יִשְׂרָאֵל וְאִמְרוּ אָמֵן: אָמֵן אידהנויה.

Above all blessings, songs, praises, and words of consolation that may be said in the world, and you shall say, Amen. (Amen) May there be abundant peace from heaven. Life, contentment, salvation, consolation, deliverance, healing, redemption, pardon, atonement, comfort, and relief for us and for His entire nation, Israel, and you shall say, Amen. (Amen) He, Who makes peace in His high places, With His compassion He shall make peace for us and for His entire nation, Israel. And you shall say, Amen. (Amen).

---

1) איוב כ"ה, ב'.